隅内利之

わたしの学校づくりの記 II

一茎書房

人間は誰でも、無限の可能性を持っているものであり、自分をより成長させ拡大し変革したいというねがいを持っているものである。また誰でもそういう力を持っているものである。教育という仕事は、そういう考え方が基本にあったときはじめて出発していくものである。

——斎藤喜博『教育学のすすめ』（筑摩書房、P．5）——

はじめに

この本は、東京都青梅市立友田小学校での校長としての2年目、3年目の校長通信「友田小教育ルネッサンス」をまとめたものです。「事実と創造」（一莖書房　教育関係月刊誌）に連載させていただきました。先に友田小一年目をまとめた本として。「わたしの学校づくりの記」として2020年12月25日に刊行しました。私は斎藤喜博先生の思想を受け継いで独自の授業理論と実践を創り上げげました宮坂義彦先生に学んできました。宮坂先生の追求方式の授業（課題追求型授業）を追求して、校長2年目、3年目には全国公開教育研究会を開催することができました。今までに日記風に書かれてた校長の実践記録はなかったと思います。お読みいただければ幸いです。

2019年後半に端を発したコロナ感染症が日本の教育を大きく変えました。そこのところを少し書いておきます。

中国に端を発したコロナ感染症は瞬く間に世界を席巻し、世界で6億7千万人以上の人が感染し死者も700万人に近づいています。（アメリカのジョンズホプキンス大学は2023年3月10日をもって統計を終了しました。）日本も遅まきながら感染が拡大し、第九波までの大規模感染が起りました。日本の感染者数は3370万9970人、死者数は7万4501人（2023年4月28日現在）に達しました。しかし、3年半余りで現在終息に向かっています。2023年5月8日よりインフルエンザと同じ第5類に分類されました。第5類なり今まであった数々の制限は撤廃されました。100年前に流行したスペイン風邪は世界で猛威を振るいました。感染者は当時の世界の人口の四分の一に当たる5億人、死者は5千万人と言われています。終息するまでに4年かかっています。現在はワクチンが開発されましたが当時はワクチンもありませんでした。今回はワクチンがあったにもかかわらずやはり4年かかっています。この間、日本の教育は大きく変わりました。一番変わりましたのは、文科省のGIGA（ギガ）スクール構想の実施があり、日本全国の小中学校の児童生徒一人ひとりにグーグルクローム機やタブレット等が貸与されたことがあげらます。パソコンを使った授業が本格化したのです。オンラインを使った授業が頻繁に行われるようになりました。

さらに2023年頃よりAIの進歩が著しく教育にも取り入れられようとしております。AIが進歩すれば教師は必要なくなると言われております。私は教育は最も人間的な行為です。AIがその代わりをできるわけがありません。

＊AIとは人工知能のことです。人工知能は英語では、Artificial Intelligence：アーティフィシャル・インテリジェンス）といわれます。人工知能という言葉は、1956年に米国の計算機

科学研究者ジョン・マッカーシーが初めて使った言葉です。最近ＡＩは目覚ましい研究結果を出すようになってきていて、ブームとなっています。

＊私は「Covid-19パンデミックと学校教育―課題追求型授業に注目して―」という題の論文を書き、日本学校教育学会年報第3号に掲載されました。

目次

友田小三年目の実践

友田小二年目の実践

第42号

校長通信も今年度で2年目を迎えます。この校長通信には、毎日の学校の教育活動の様子や私の教育に対する考え、日頃思っていることなどを載せていきます。

発行は週1回を予定しております。ご感想、ご意見などございましたらお寄せください。

子どもの無限の可能性を引き出し高める授業の創造

これが私の**学校経営の基本方針**です。

子どもたちは、一人ひとりがそれぞれに素晴らしい宝物を持っています。その宝物を私は可能性と呼んでいます。教師の、質の高い授業によって可能性は花開きます。今年度も、この基本方針のもと教育活動を進めてまいります。

4月4日（金） 新6年生が登校しました。今日は新年度に備えての教室の移動や入学式の準備があります。新6年生は、自分から進んで仕事をしました。さすが友田小の6年生です。

4月7日（月） 今日から平成20年度が始まりました。子どもたちは希望に燃えたきらきらした目で登校しました。始業式です。私は最初に退職されたり異動された先生の話をしました。次に新しく友田小学校に着任された先生方の挨拶をいただきました。着任された先生方は口々に、準備で一生懸命働いてくれた6年生の素晴らしさを話してくれました。いよいよ担任の先生の紹介です。どきどき、わくわくの子どもたちの顔です。

入学式が10時から始まりました。かわいい1年生の入場です。私は壇上から「友田小学校の1年生のみなさん」と呼びかけると「はい」と大きな声で返事が返ってきました。しっかりと話が聞けます。私は「早ね、早起き、朝ごはん」の話をしました。2年生が1年生のために、オペレッタ「おむすびころりん」をプレゼントしてくれました。2年生の子どもたちは、一人ひとりが伸び伸びと演技しました。1年生も真剣に見ています。素晴らしい演技でした。

4月8日（火） 1年生の教室に行ってみました。1組も2組も先生のお話を良く聞いていました。今日は一日雨です。1年生から4年生までの先生方は春の遠足の実地踏査に出かけました。

4月10日（木） 今日から給食が開始です。（1年生は5月の連休明けからです。）1時間目に1年生が学校探検で校長室を訪問しました。5・6年生の保護者会がありました。私は保護者会で友田小教育ルネッサンス推進計画の2年目であることをお話しし、今年度も保護者の皆様の協力をお願いしました。

4月11日（金） 最初の1週間1年生は通学路別に送って行きました。私は毎朝児童玄関で子どもたちを出迎えていますが、1年生は少しずつ慣れてきたように見られます。重いランドセルを背負って大変そうですが、「おはようございます」と元気良く挨拶してくれます。

コラム30　良い習慣づくり

入学式で1年生の子どもたちに「早ね、早起き、朝ごはん」の話をしました。学力向上にはとにかく、良い生活習慣をつくるのが一番です。年間の学校での授業時数は1000時間程度です。テレビやゲームに3時間費やしていると一年間365日では実に1095時間になってしまいます。これでは、いくら学校で勉強してもだめです。勉強時間の方が少ないのですから。一日のうちでテレビやゲームの時間は少なくとも2時間以下にしなければなりません。できれば1時間程度が理想的です。小学1年生でしたら、午後9時までには寝て、朝は午前6時起床、これで睡眠時間が9時間確保できます。中・高学年でも睡眠時間は8時間は確保したいものです。朝食はしっかりと食べます。（栄養のバランスには十分気をつけます。）

第43号

4月14日（月）今日は朝から雨です。対面式は、体育館で行いました。子どもたちの体育館での立ち姿がいいです。1年生が渡辺先生が演奏する曲にのって入場です。私は、みんなで心を一つにして素晴らしい友田小学校にしていくことを話しました。

3・4年生の保護者会がありました。保護者会では、5・6年生の保護者会でも話しましたが、友田小教育ルネッサンス推進計画（学力向上）の2年目であることをお話し、協力をお願いしました。

4月15日（火）1・2年生の保護者会がありました。大勢の保護者の皆様がお出でになりました。特に1年生は最初ということもあり視聴覚室に入りきれないくらいお見えになっていました。3・4・5・6年生と同じく友田小教育ルネッサンス推進計画（学力向上）の2年目であることをお話し、協力をお願いしました。

4月16日（水）青梅市の先生方の教育研究会が午後ひらかれました。

午後7時からはＰＴＡの全体会が開かれました。平成20年度のＰＴＡ活動のスタートに向けた準備が行われました。26日はPTA総会です。

4月18日（金）離任式がありました。ご退職された先生、異動された先生が来校されました。

藤本先生は、友田小学校に12年間という長い間勤務されました。ここで定年退職されました。子どもたちのお兄さんやお姉さんがお世話になった子どもたちが大勢います。子どもたちのために骨身を惜しまず、一生懸命仕事に励まれました。保護者、地域の皆様から信頼の厚い先生です。12年間本当にありがとうございました。4月から青梅市立河辺小学校で非常勤教員の先生として活躍されています。KM先生は、友田小学校には2年間という短い間でしたが、5年生を担任されました。とても子ども思いの穏やかな先生です。4月からは青梅市立吹上小学校に勤務されています。3年生を担任されています。SK先生は、友田小学校で養護教諭として3年間勤務されました。てきぱきと仕事をされ、いつも子どもたちに明るい笑顔で接してくださる先生でした。4月からは日の出町立平井小学校に勤務されています。OH先生は、友田小学校には一年間という短い間でしたが、嘱託の先生として4年生の理科と4・5・6年生の書写を担当されました。やさしくていねいに指導される先生でした。先生は、ここでご退職され、お仕事はお辞めになりました。退職されたり、異動された先生方に、子どもたちがお手紙と花束を贈呈しました。代表で手紙を読んだ子どもたち

別れを惜しむ子どもたち

はどの子も心がこもっていて素晴らしい内容でした。校歌をみんなで歌い、お見送りです。子どもたちは先生方と別れを惜しんでいました。涙している大勢の子どもたちがいました。お元気でこれからもそれぞれの場所でご活躍ください。

＊平成20年度学校経営方針を配布いたしました。お読みください。

4月26日の学校公開日には学校経営方針説明会を開催いたします。

大勢のご参加をお待ちしています。その際配布しました学校経営方針（この学校経営方針は教職員に渡したものと同じものです。それを保護者全員に配布しました。）をご持参ください。

コラム31　学習の基礎基本1「構え」と「対応」

学校では良く最初の1ヶ月が勝負であると言われております。それは新学期となり、子どもたちが新しい学年、新しいクラスになり学習意欲に燃えているからです。この子どもたちの気持ちを大切にし、学級経営を進めて行くことが大切なのです。子どもたちには、私は最初の朝礼で「構え」と「対応」の2つの目標を話しました。学習で言う構えとは、授業ができる準備をすることであり、「①授業終了後次の時間の準備をしておくこと　②チャイムがなったら自分から学習を始めていること　③先生や友達の話を良く聴くこと」です。対応とは他の行動に対して反応することです。簡単な例でいけば、朝の挨拶がそうです。「おはようございます」と挨拶されたら必ず「おはようございます」と挨拶を返すことです。教室では先生の話をしっかり聴き、それに反応することです。国語である文章を学習している場合、友達が自分の考えを話している時、しっかりと聴き、それに対して自分の考えが言えることです。

私は4月当初に教職員に時間を取り学校経営方針を示しました。平成19年度の学校経営方針は紹介しませんでしたが、参考までに平成20年の学校経営方針の骨子を紹介します。具体的に詳しく教職員に校長の考えを示すことにより教職員の理解を深め協力体制をつくっていきました。また、今回は詳しく書けませんが、会議を減らすなど日常の仕事の負担を軽減し、授業の準備に時間を当てるようにしていきました。

私の学校経営方針

平成20年度学校経営方針（骨子）

Ⅰ　学校経営の基本理念

私の学校経営の基本理念は、「子どもの無限の可能性を引き出し高める授業の創造」です。質の高い授業を創っていかない限り教育の仕事は成り立たないと考えます。質の高い授業をするためには、校内研究を中心に教師集団が互いに切磋琢磨し学び合うことが大切です。研究を進めていく中で、教師は、自分自身の授業の力量を高め、子どもの無限の可能性を引き出し高めた具体的事実を創り出していくのです。

Ⅱ　めざす子ども像

（1）子どもの精神の内容を豊かにする
（2）困難に向かってたじろがない人間
（3）充足感を持った子ども
（4）人を怖れず、自分を大事にする
（5）ほんとうの感動に胸躍らせる

Ⅲ　本年度の重点目標

1　友田小教育ルネッサンス推進プラン3年計画
2　全体の奉仕者としての自覚と行動（服務の厳正）
3　安全・安心対策の一層の強化
4　保護者・地域との連携と開かれた学校の推進
5　特別支援学級（通級学級）開設と特別支援教育の充実
6　いじめゼロプロジェクトの推進
7　教育予算の適正な執行と学校施設設備の安全管理の徹底
8　特色ある教育活動の推進
9　小・中連携から小中一貫へ

A　友田小教育ルネッサンス推進プラン（3年計画）

（1）学力とは

（2）学力を培うために

（3）教育ルネッサンスプランの具体的展開

①　研究主題「子どもの無限の可能性を引き出し高める授業の創造」

②　副主題「課題追求力の向上をめざして―国語科等を通して―（仮称）」

③　推進計画（2年目）

I　1年次（19年度）

（1）全員研究授業の推進

○質の高い授業の定義

（2）表現力の大切さ

日本人は元来コミュニケーション能力や自己表現力が不足していると言われています。表現知という言葉があるように、表現力を高めることで子どもの学力向上は確実に向上します。これからの時代、自己表現力は不可欠な能力です。演劇的手法による身体表現を伴う表現（オペレッタ等）は子どもの心を解放するのに役立ちます。

（3）一流の講師から学ぶ

II　2年次（20年度）

（1）研究の深化

1年目の研究を土台にして、2年目の研究を積み重ねます。各自の研究テーマの研究を進めて行くことに変わりませんが、公開研究会での授業を全員研究授業と考えています。したがってその他の研究授業は、提案授業として考えます。授業における様々な提案があり、教師の学びが深まります。

（2）表現への取り組み

全学級（学年可）で、合唱・オペレッタ・身体表現に取り組みます。（学年も可）

（3）年間講師

講師については、自分の研究テーマや教科にそって講師に指導をお願いします。

年間講師としては、宮坂義彦先生（元三重大学教授）・戸田淳子先生（元長野県伊那市小学校長）にお願いします。

（4）公開教育研究会の実施

この公開研究会は、子どものための研究会です。

先生方の得意とする教科の授業と合唱・オペレッタ等の表現活動を公開し、「子どもの無限の可能性を引き出し高める授業の創造」を具現化します。質の高い授業によって、子どもたちが真剣に授業で考え課題を追求する姿、合唱・オペレッタ等で自分を表現する姿を大勢の保護者、地域の方々、先生方に見ていただきたいと考えています。運動会などの学校行事と同じく晴れの舞台で子どもたちは無限の可能性を出してくれることを願っています。

今年度は学習発表会の年ですが、公開研究会で行った合唱や表現の演目を学習発表会に兼ねます。従いまして公開教育研究会を11月28日（金）に行い、学習発表会を29日（土）に行います。

○公開教育研究会（案）
研究主題「無限の可能性を引き出し高める授業の創造」
①　日時等　日時　11月28日（金）
2校時（1・3・5・専科）・3校時（2・4・6・専科）
4校時（表現・合唱等の発表の時間）・5校時（表現・合唱等の発表の時間）
研究発表会（14時45分～16時15分）
1、教育委員会挨拶（5分）
2、校長挨拶（5分）
3、来賓紹介（3分）
4、研究の概要の発表（研究主任　15分程度）
5、講師の講演（15時15分から16時15分1時間程度）
②　内容
授業公開（各自の授業　自分の研究テーマにそった授業）

各学年・クラスの表現・合唱等の発表
講演「子どもが生き生きと教材に取り組む授業づくり（仮称）」
講師　宮坂義彦先生（元三重大学教授）
③　研究紀要　簡単なもの（指導案の略案・研究の概要等）
④　公開する範囲
友田小の保護者・地域、青梅市をはじめとする東京都及び全国の小・中学校の教育関係者
＊この公開教育研究会は、青梅市の学力向上推進モデル校の発表を兼ねます。
＊学習発表会として、公開教育研究会で発表した表現、合唱等を発表します。（日時11月29日〈土〉）

Ⅲ　3年次（21年度）
2年次の研究をさらに深めていきます。
（1）研究の深化
（2）表現への取り組み
（3）第2回公開教育研究会の実施
＊この公開教育研究会は、青梅市の研究協力校の発表を兼ねます。
＊予算面の確保の関係もあり、青梅市の学力向上推進モデル校の指定を19年度・20年度受

けます。また、21年度・22年度は青梅市の研究指定校ですがこの研究と連動させます。

（4）質の高い授業のポイント

①　課題が明確である。

②　心地良い緊張と集中がある。

③　新しいものが創造される。

④　教師と子ども、子どもと子どものひびきあい（対応）がある。

（5）学級経営案・週案について

（6）自立した子どもの育成（子どもを鍛える　感性を磨く）

（ア）朝礼での立ち方と行進

（イ）学習の基礎基本となる学習の良い習慣づくり

（ウ）児童理解（児童観）

（エ）生活感覚の浄化（感性を磨く）

（オ）作文指導

（カ）環境整備

（7）自己表現力を育成する

B　全体の奉仕者としての自覚と行動（服務の厳正）

C　安全・安心対策の一層の強化

D　保護者・地域との連携と開かれた学校の推進
E　特別支援学級（通級）開設と特別支援教育の充実
F　いじめゼロプロジェクト
G　適正な予算執行と学校施設・設備の安全管理
H　特色ある教育活動
（1）友田小教育ルネッサンス推進本部の事業
（2）縦割り班活動
（3）福祉体験活動
（4）国際理解教育の推進
（5）地域に根差した教育（ヤマメの飼育・蚕の飼育等）
I　小・中連携から小中一貫へ

第44号

4月21日（月） 先週の朝礼を体育館でやりましたので、1年生にとりましては今回がはじめての校庭での朝礼です。「1年生はどこに並べばいいのですか」と一人の1年生の女の子が私に聞きました。自分で考え行動できることに私は感動しました。朝礼では、私は今年度の目標である「構え」と「対応」について話しました。次に児童会の役員の紹介をしました。6年生は、SMさん、WTさん、KNさん、KK君、5年生のNAさん、SY君です。前期友田小学校のために活躍してくれることと思います。

4月22日（火） 全国学力調査が6年生を対象に実施されました。学力調査の問題は翌日の新聞に掲載されました。この学力調査の目的は文部科学省から出されました「学力調査の実施要項」に述べていますので紹介します。

1　国が、全国的な義務教育の機会均等とその水準の維持向上の観点から、各地域における児童生徒の学力・学習状況をきめ細かく把握・分析することにより、教育及び教育施策の成果と課題を検証し改善を図ること。
2　各教育委員会、学校等が、全国的な状況との関係において自らの教育及び教育施策の成果と課題を把握し、その改善を図るとともに、そのような取り組みを通じて、教育に関する継続的な検証改善サイクルを確立する。
3　各学校が、各児童生徒の学力や学習状況を把握し、児童生徒への教育指導や学習状況の改善等に役立てる。
＊本校では昨年度より青梅市の学力向上推進モデル校として研究を重ねております。11月28日には、青梅市をはじめ全国の教育関係者に研究を公開いたします。研究の中心は、課題追求型授業の追求です。子どもたちに課題追求力をつけることが、本当の意味での学力向上につながると考えております。

4月23日（水） 今日の午後は校内研究会がありました。一年間の出発ですので、一年間の基本方針や年間計画を立てました。本校の研究主題は「子どもの無限の可能性を引き出し高める授業の創造」です。副主題として「課題追求型授業の追求　国語科等を通して」です。この研究主題、副主題をうけて、先生方一人ひとりが自分の研究テーマを決め、一年間研究していきます。

教師一人ひとりが自分の研究テーマを持つことで、授業研究を研究的に進めることができます。本校は教師の授業力向上のために、会議の時間を減らしたり、事務の効率化を図ったりと様々な工夫を実施しました。

＊今、国（令和2年）では働き方改革が叫ばれています。東京都でも例えば副校長先生の仕事の軽減策として副校長補佐を多くの学校に配置しています。また、スクールサポートスタッフを採用してテストの印刷等の補助者を導入して教師の事務の軽減が図られています。授業研究に多くの時間をかけることで質の高い授業ができるのです。

しっかり挨拶ができる
３年生のＫ君

4月24日（木） 音楽集会がありました。「線路は続くよどこまでも」の音楽に合わせて、２人か３人が組んで手をいろいろに動かしていきます。みんなとても楽しそうです。

耳鼻科検診がありました。

耳鼻科の先生から受診態度が静かで素晴らしいとお褒めの言葉をいただきました。

4月25日（金） 毎朝子どもたちを午前8時頃、児童玄関で出迎えております。子どもたちは元気に挨拶をしてくれます。笑顔で明るい挨拶をしてくれるとこちらまで元気になります。立ち止まってしっかりと挨拶してくれる子どももいます。１・２・３年生の歯科検診がありました。歯の健康は大事です。

4月26日（土） 学校公開日です。授業を公開するのは1時間目と3時間目です。1年生から6年生の子どもたちは集中して一生懸命取り組んでいました。私の授業を見るポイントはいつもお

どのクラスも集中して授業にとりくんでいます

話していますが4点あります。

①　課題が明確である。②心地良い緊張と集中がある。（構え）③新しいものが創造される。④教師と子ども、子どもと子どものひびきあいがある。（対応）

2時間目は、私より平成20年度の学校経営方針の説明を視聴覚室で行いました。大勢の皆様がお出でくださりありがとうございました。4時間目は体育館でPTA総会がありました。清水会長をはじめここで退任される本部役員の皆様ご苦労様でした。N推薦委員長さんをはじめ推薦委員の皆様、運営委員の皆様ご苦労様でした。心より感謝申し上げます。新会長の橋本さんはじめ新役員の皆様、新しい運営委員の皆様、よろしくお願いします。友田小学校のPTAは、積極的に学校そして子どもたちのために働いてください。今年もよろしくお願いします。

学校経営方針説明会

第45号

5月8日（木） 今日は暑い一日でした。1年生の給食が始まりました。子どもたちは、本当においしそうで、うれしそうでした。

5月9日（金） ケナフ協会の皆さんが来校しました。ケナフ協会の方のお話しですと、昨年度の本校の4年生の活動が中心となり、表彰されたそうです。今年度も4年生がケナフの栽培に取り組みます。

私は青梅市の校長会の代表として、多摩の子・多摩子ども詩集の編集委員会の役員をしております。多摩の子・多摩子ども詩集は、保護者の皆様もご存知かと思います。日本全国を見渡しても、50年以上続いている地域の文集はありません。西多摩地区の文化と言っていいと思います。今年も、多摩の子の購読申込みのご案内が子どもたちに配られます。最近は、子どもが文章を書いたり読んだりする機会が少なくなっています。西多摩地区の他校のお友達が書いた文章を読むこと、自分で文章を書いて応募することは、子どもたちに文章力をつける上で効果があると思います。是非、購読していただければ幸いです。

コラム32　学習の基礎基本2「聴く力」

聴くことの大切さ。最近コミュニケーションの能力を育成するということでスピーチが重要視されますが、まず、相手の話を聴く力が必要です。授業で、一つの問題についてみんなで考えている場合、友達の考えを聴いて記憶していないと、その考えをもとにして考えることができません。授業では、みんなで一つの問題を考えて、様々に意見を出し、それを深めていくのです。ですから、みんなから出される考えは重要です。それは聴くことから始まるのです。自分の考えを言うより相手の考えを聴くほうが大変かもしれません。聴く力は、学習の基礎基本です。

校長通信

第46号

朝会でしっかりと話の聴ける子どもたち

5月14日（水）今日は2時間目より校内研究がありました。6時間目に6年2組の駒形学級の提案授業がありました。教科は国語で、教材は「カレーライス」という物語文です。この「カレーライス」という教材は、自意識が芽生え思春期に入った主人公「ぼく」とそれを理解せず子ども扱いしている「父親」との心のずれを描いた作品です。最後は「父親」が自分の子どもの成長を認識して、親子の絆が深まるという作品です。6年生のお子さんがいらっしゃる保護者の皆様は一度作品を読んでみられるといいと思います。教師が子どもに授業をする場合、教材解釈が大事になります。まず、大人としての教材解釈が前提にあり、つぎに、教師としての解釈があります。教師としての解釈は、子どもたち一人ひとりを念頭におき、授業を組み立てていく方法まで含めるものです。国語では特に言葉の意味にこだわります。言葉の意味を追求することによって、深い読み取りができます。本校では課題追求型の授業を追求しています。課題追求型の授業では、子ども自身が課題を発見する問題作りが重要になります。教材文から「変だ、おかしい」という場所を探すのです。その際、接続詞が重要になります。特に、逆説の接続詞が重要です。「しかし」とか「けれども」などの接続詞です。今日の授業は、主人公ぼくの微妙な心理状態を探っていくものになりました。途中、講師の宮坂先生にも直接指導していただき、本校の先生方も一緒に考えました。子どもたちが真剣に考えている表情は本当に素晴らしいものです。今日は2時間目から講師の宮坂先生、戸田先生には1年生から6年生まで参観いただきました。そしてお褒めのお言葉をいただきました。研究授業後の授業検討会は、本校の教師と他校からこられた教師が共に学ぶ機会になりました。「子どもの無限の可能性を引き出し高める」ためには、教師が授業について学び続けることが必要なのです。

＊新しい学習指導要領（平成29年度）の目玉である、「主体的・対話的で深い学び」は、斎藤喜博先生により島小・境小で取り組まれています。組織学習は、まさに「主体的・対話的で深い学び」を具体的に展開したものです。斎藤先生の理論を受け継ぎそれを深化させた宮坂先生の指導を友田小学校は受けています。

注　組織学習について　組織学習とは、友田小学校で取り組んでいる課題追求型授業と同じく国語の場合で言えば文章から「変だおかしい、つじつまが合わない」場所を探し出し、問題をつくり言葉の意味にこだわり問題を解決する学習である。この場合全体の一斉学習でなく、個人やグループを活用し、教師が個々の課題について助言したりつなげたりして次の一斉学習に進むのである。組織学習について詳しく知りたい方は、「授業の展開」（斎藤喜博　国土社）をお読みください。

コラム33　学習の基礎基本３「目的をもって取り組む」

今回は「目的をもって取り組む」ことについてお話しします。

私たちは、子どもに指示を出すとき目的もなく指示を出していることがあります。たとえば、授業が始まり「はい、何ページの何行目を読んでください」と安易に指示してしまいます。子どもとしては「読みなさい」と言われるので読みますが、どう読めばいいのかがわかりません。声が小さいと「声を大きくしなさい」と言われます。そう言われても、「どの程度大きくすればいいのか」「どこまで声を届かせればいいのか」がわかりません。私たちは、指示を出すときには必ず目的を具体的に示してやることが必要なのです。「声を大きくしなさい」の代わりに「息をたくさん吸って、先生まで声を届かせてください」というような指示が必要なのです。「息をたくさん吸って」の代わりに「体をふくらませて」の指示は読みの前の構えをつくる上で有効です。「先生まで声を届かせなさい」は、自分の声をどのくらい大きくすればいいのかの具体的な指示です。具体的に目的を示すことで、子どもたちは自ら考えるようになるのです。

校長通信

第47号

5月19日（月）「構え」と「対応」の話をしました。何回も繰り返すことで、身に付いてきます。朝礼での並び方も意識することで、良くなってきます。自覚できるまでは何回も繰り返すことが大切です。

5月21日（水）今日は三校合同研修会が友田小学校でありました。第二小学校や第二中学校の先生が本校に来校し、5時間目の授業の様子を参観し、その後話し合いを行いました。話し合いは、授業や生活のことを中心に、小中一貫教育も視野に入れながら行われました。その席上、友田小学校の先生方の授業の工夫、子どもたちの素晴らしさ等、大勢の方々からお褒めの言葉をいただきました。

5月22日（木）音楽集会がありました。明日の音楽鑑賞教室で歌う予定の「ビリーブ」を練習しました。歌では、呼吸が大事です。練習するにつれて、大きな声が出るようになりました。

5月23日（金）今年度の読書ボランティアの皆様によります朝の時間の読み聞かせが始まりました。全クラスで読み聞かせをしてくださるこの活動は、学校にとりましては大変ありがたい活

東京交響楽団の演奏に聴き入る子どもたち

動です。直接、子どもたちに語りかけることで、子どもたちも読書への興味が高まります。現在、この読書ボランティアには14、5名の方がいらっしゃいます。

　音楽鑑賞教室「名曲のおくりもの」がありました。この音楽鑑賞教室は、青梅市にあります公益財団法人青梅佐藤財団（理事長佐藤敏明様）の援助により、無償で行われるものです。東京交響楽団のメンバーによるフルートカルテットの（フルート・バイオリン・ビオラ・チェロ）演奏です。いい音楽にふれる、本物にふれることは子どもたちの心を豊かにしてくれます。この音楽鑑賞教室は昨年度も行いました。今日は、佐藤財団理事長　佐藤敏明様、東京交響楽団楽団長　山下芳彦様、青梅佐藤財団常務理事　岩松雄一様が来校され、演奏をいっしょに楽しまれました。子どもたちは、1年生から6年生まで真剣に聞くことができました。来校された皆様からお褒めの言葉をいただきました。来年度も是非実施したいと思います。

　午後7時より第1回目の「友田小教育ルネッサンス推進本部会」が開かれました。推進本部長には前ＰＴＡ会長の清水さん、副本部長に市川副校長先生、環境ボランティア代表に村野さん、安全ボランティア代表に小泉さん、読書ボランティア代表にＫＡさんが出席しました。

コラム34　国語辞典を引く学習法

本校では、昨年度から1年生より「国語辞典を引く学習法」を実施しております。小学校では通常3年生で国語辞典の使い方を教えます。しかも自分の辞書ではなく、図書室にあるものです。これですと指導時間が終わるとまた図書室に返されてしまいます。これでは、国語辞典が学習の役に立ちません。そこで本校では、1年生より国語辞典が使えるように青梅市の「子どもいきいき教育プラン」の予算で国語辞典を購入し、子どもたちに貸与しました。ひとりが1冊ずつ国語辞典を持つことで、自分の辞書のように使うことができるのです。辞書は自分で引きますので自学自習の習慣が身に付きます。本校では次の3つの工夫をしています。

1、引いた言葉には付箋を貼る。引いた言葉に付箋を貼ることで学習意欲が高まります。
2、ケースやカバーははずして使う。辞書を引くことが面倒にならないようにします。
3、いつでも引ける場所にあること。机の中などすぐに使える場所にあればいつでも使えます。

＊今年度も1年生には子ども生き生き教育プランの予算で国語辞典を購入予定です。2学期より使い始めます。2年生から5年生までは昨年度購入した国語辞典があります。6年生は、自分の辞書を購入するようにすると良いでしょう。

第48号

5月26日（月） 全校朝会の並び方が本当に良くなってきました。回を重ねることで良くなってくるというのは、子どもが成長している証です。その裏には担任の先生方のご努力があると思います。朝会では、二小や二中の先生方に褒められたこと（5月21日に三校合同研修会が行われ二小や二中の先生方が本校に来校されました。）、青梅佐藤財団の援助で行われた音楽鑑賞教室での聴き方が素晴らしかったことについて話しました。

修復なった陽明門

5月29日（木） 今日から6年生の日光移動教室が始まりました。生憎の天気でしたが、全員元気に出発です。大勢の保護者の皆様の見送りありがとうございました。引率者は、私の他に担任のSI先生・駒形先生、主幹教諭のSE先生、5年担任の樋口先生です。他に看護師さんと写真屋さんと添乗員さんがいます。今日の日程は、足尾銅山観光と日光彫体験です。宿舎は湯元温泉の湯の湖荘です。

湯の湖荘は、アットホームな宿舎で親身のお世話をしてくれます。予定通り午後5時には湯の湖荘に着き、開校式を行いました。午後6時、楽しい夕食です。夕食には地元で取れた山菜や野菜の煮物とマスのから揚げが出ました。マスのから揚げは、頭から尻尾まで全部食べられます。子どもたちも挑戦していました。食事の後、若主人のお話しです。内容は日光の自然についてです。鹿の食害とそれを防ぐ試みについての話もありました。

5月30日（金） 今日は雨も上がり、戦場ヶ原の赤沼よりハイブリットバスに乗り、西ノ湖入口で下車して千手ヶ浜までのハイキングです。このハイキングはただのハイキングではありません。湯の湖荘のご主人から自然や環境保護についてのお話しをうかがいながらのハイキングです。昼食を食べ、午後は戦場ヶ原をハイキングし、湯滝を見学し、光徳牧場でおいしいアイスクリームを食べ宿舎に帰りました。宿についてからは近くにある足湯を体験し、栄養価を考えたおいしい夕食を食べました。夜ナイトハイキングを楽しみ就寝です。歩いた疲れも手伝ってみんなぐっすりです。この日は私の万歩計は2万歩を越えていました。

5月31日（土） 楽しかった移動教室も今日が最終日です。朝は雨が降っていましたので湯の湖の散歩は中止しました。ありがたいことに全員元気で一人も調子の悪い子がいません。閉校式を済ませバスに乗り込みました。東照宮では陽明門・三猿・眠り猫・鳴き龍などをグループごとに見学しました。

午後4時15分予定通り友田小に到着しました。大勢の保護者の皆様、本校の市川副校長先生を

閉校式で女将さんのお話しを聴く

おいしい食事に舌鼓

はじめ教職員の出迎えを受けました。雨に降られることもありましたが、この3日間、子どもたちは自分たちで生活を創り出し、大きく成長しました。移動教室実行委員の出発式や開校式、食事での挨拶や班長さんの活躍、それを支える子どもたちみんなが一つになった移動教室でした。解散式での子どもたち一人ひとりの顔には満足感と成長のあとが感じられ、私は本当にうれしく思いました。担任の先生をはじめ引率された先生方、看護師さん、写真屋さん、添乗員さん、バスの運転手さん、ガイドさん、湯の湖荘のご主人・女将さんをはじめ皆さん、保護者の皆様、本校の教職員すべての方々に感謝いたします。

第49号

6月1日（日） 友田町の町民運動会がありました。昨日までの天気がうそのように良い天気になりました。地域の皆様が大勢集まり、和気あいあいと運動を楽しんでいました。

6月3日（火） 青梅市の音楽鑑賞教室がありました。対象は5年生です。演奏は、東京都交響楽団のオーケストラです。オーケストラの生の演奏は大変迫力があります。「剣の舞」（ハチャトゥアン）や交響曲第五番「運命」第一楽章（ベートーベン）、オペラ「フィガロの結婚」（モーツアルト）の一節など素晴らしい演奏を聴くことができました。

6月4日（水） 本校の32回目の開校記念日です。昨年の30周年記念式典（31年目に行いました。）が思い出されます。

6月5日（木） 今年度第一回目の学校運営連絡協議会が午後7時よりありました。学校運営委員会の委員さんは自治会長さん・保育園の園長さん・民生児童委員さん・青少年委員さん等7名です。

今日は、学校側から校長の他、市川副校長先生、主幹教諭のＳＥ先生、生活指導主任のＨＡ先生、研究主任の久末先生、保健主任の鈴木先生が出席しました。市川副校長の司会で、私が学校経営方針を説明し、ＳＥ先生が教育課程を、ＨＡ先生が子どもの生活の様子について、久末先生が本校の校内研究について、鈴木先生が子どもたちの健康の様子について説明しました。

コラム35　繰り返すことの大切さ

「継続は力なり」という言葉は、昔から言われている言葉であり、言い古されているようですが、どうして、どうして、素晴らしい言葉です。最近はすぐに結果を求めたがる傾向があり、継続することが軽んじられています。地味な努力ということがどんなに大切かということを子どもたちには知らせたいです。学習したことは、何回も繰り返すうちに定着するものです。最近の「脳の研究」が進んでいます。それによりますと人間の脳は忘れるようにできているのです。一度覚えたことをそのままにしてしまうと忘れてしまいます。しかし、繰り返し覚えたものは、忘れません。子ども時代は、記憶力の良い時代です。繰り返すことでどんどん覚えられます。

第50号

6月9日（月） 今日の朝会では、6年生が移動教室で素晴らしかったこと、5年生は音楽鑑賞教室の鑑賞の態度が大変良かったこと、読書週間が今日から始まるので、イソップ物語のイントロクイズを行いました。子どもたちは最初の文章を何行か私が読むだけで、すぐに当ててしまいます。

学校だよりですでに紹介していますが、6月2日（月）より本校に教育実習生ＫＩさん（東京女子体育短期大学）が来ています。ＫＩさんは、主に5年2組の樋口学級で勉強しております。毎日一生懸命勉強に励んでおります。

今日から今年度の桑の木っ子ルームがスタートしました。1年生から6年生まで、現在96名が申し込みをしています。桑の木っ子ルームでは、自ら学ぶ力をつけることを目標にしています。もちろん学習の中で分からないことがあれば、指導員の先生に教えていただくことができます。小学校の内に学習習慣を身に付けておけば、学力向上は間違いなしです。申込みは随時受け付けております。現在指導してくださっている指導員の方々は、ＭＩ先生（非常勤教員）、ＳＵ先生

音楽会に向けて厳しい練習が続きます

自転車のルールの指導を受けている子どもたち

（講師）、ＫＩさん（現本校支援スタッフ）ＨＩさん（現本校支援スタッフ）、ＫＩさん（元本校支援スタッフ）ＭＵさん（元本校支援スタッフ）です。

市の音楽会に向けて、5・6年生が練習を積み重ねています。音楽会で歌う曲目は、「桜の下で」「満月の不思議ポロロッカ」の2曲です。「桜の下で」は昨年度の卒業式で6年生の歌った曲です。「満月の不思議ポロロッカ」は本格的な合唱曲です。南米のアマゾン川で月の引力との関係でおこるポロロッカ（大逆流）という現象を自然への畏敬の念をもって歌い上げる曲です。二曲とも三部合唱です。レベルの高い曲です。

6月10日（火） 3年生は交通公園で、自転車の乗り方の勉強です。前号でお知らせしましたように、6月19日（木）より、保護者の義務規定ということで、13歳以下の子どもは自転車に乗るときヘルメットをかぶらなければならないことになりました。また、自転車の乗り方の啓発活動として、子どもの自転車免許制度がはじまりました。これは厳しい試験があるわけではなく、講習を受けた子どもたちがそのしるしとして子どもの自転車免許証をもらえる制度です。本校では、今年度から3年生が毎年受講する予定です。

6月11日（水） 今日は4年生が小作浄水場に徒歩で勉強に行きました。また、2年生と5年生が地域の下田さんのご好意で田植えの体験学習をしました。1年生は田植えの様子を見学しました。

6月13日（金） 市の音楽会に向けた練習が続きます。合唱はただ歌えるだけではだめなのです。合唱は①呼吸（たっぷり息を吸い込まないと良い音がでません。）②リズム（曲には流れがあります。その流れにのって歌わなければなりません。）③曲の解釈（曲の解釈とは、曲の中のどこが山でどこに気持ちを込めるのか。歌詞の解釈も必要です。）の三つがしっかりできて素晴らしい合唱となります。渡辺先生が、ていねいに指導されます。渡辺先生の指導で子どもたちの歌声がどんどん変わっていきます。先生の指導が素晴らしいのですが、それに対応する子どもたちも素晴らしいです。2時間の練習をものともせずやり通します。

一生懸命草取りをする子どもたち

今日の掃除の時間に全校草取りが行われました。縦割り班清掃ですので、班長さんを中心にみんな一生懸命草取りを行いました。今週と来週は全校草取り週間です。

コラム36　失敗から学ぶ

発明王のエジソンは、あるとき新聞記者から次のような質問をされました。

「あなたは電球を発明するのに1万回も失敗されたそうですね」

するとエジソンはこう答えました。

「失敗、わたしは失敗なんてしたことがないよ。うまくいかない1万通りの方法を見つけただけさ」

失敗を失敗と考えず、新しい発見と捉えたエジソンのすごさが伝わってきます。

失敗を恐れていると、何もできません。人類の歴史は失敗の歴史でもあります。失敗なくして成長はありません。特に子ども時代は、失敗することが必要です。

校長通信

第51号

6月16日（月） 今日の全校朝会では、プール開きがありました。私は、プールの周りが改修されて新しくなったこと、一人ひとりが目標を持ってほしいことを話しました。

プール開きが終了した後に、1学期のさわやか元気隊の活動について話しました。この活動は、縦割り班ごとに3年生以上の子どもたちがさわやか元気隊となりあいさつ運動をするものです。

今年最初のプール　３・４年生

6月17日（火） 1班よりさわやか元気隊の活動が始まりました。5・6年生が音楽会の発表の準備のため参加できませんので3・4年生ががんばりました。

市の音楽会の前日です。児童集会で5・6年生が合唱を披露しました。市の音楽会には保護者・地域の皆様は入場できませんので、今日大勢お出でいただきました。朝でしたが、子どもたちは一生懸命歌いました。

今日は、3・4年生のプールがありました。このところ天気が良く梅雨の中休みが続いています。おかげでプールができます。

6月18日（水） 市の音楽会の日です。子どもたちはリラックスしていました。プログラムの順番は4番目です。「友田小学校の皆さんの合唱です」司会の方が紹介します。静かに舞台に並びました。全員の目が渡辺先生に集中しています。「桜の下で」は情感を込めて歌いあげ、「満月の不思議議ポロロッカ」は、迫力のある本格的な合唱となりました。会場にいて友田小の合唱を聴かれた霞台小学校の中嶋校長先生は、「単なる合唱ではなく表現ですね。こんな素晴らしい合唱はありません。歌が迫ってきます」と話されました。本当に素晴らしい合唱となりました。渡辺先生のご指導と担任の先生方の協力で子どもたちは一つとなり、晴れの舞台で最高のものを創り上げました。本校の教職員及び保護者・地域の皆様の応援に感謝申し上げます。

6月19日（木） 青梅警察の方に来ていただき、1・2年生が交通安全教室を開きました。ビデオを見たり、実際に交差点の通行の仕方を体験しました。

6月20日（金） 環境ボランテアの皆様が、朝8時30分より来校され、除草や樹木の剪定などに汗を流されました。お陰様で、学校がすっかりきれいになりました。ありがとうございました。本校には、「友田小教育ルネッサンス推進本部」があります。推進本部の活動の一つとして、環境ボランティアさんの活動があります。地域の方々が本校の教育活動を応援してくださるのです。

コラム37　物忘れがひどいは勘違い

「年を取ると物忘れがひどくなる」と思っていないでしょうか？　最近の脳の研究ではそれが勘違いであることが明らかになっています。年を取るということは、それだけ経験する量が増えていくということです。経験したことはすべて脳に記憶されますので記憶量も増えていきます。コンピュータでもハードデスクにたくさん記憶されていますと呼び出しに時間がかかります。それと同じことが起きるのです。たくさん記憶した中から取り出さなければならないのです。時間がかかるのは当たり前なのです。脳の老化を防ぐには、常に新しいものに興味を持ち、新鮮な目で世界を見ることなのです。私たちは、老化を気にするより、「子どものように、好奇心を持ち生きることが大切なのです」

第52号

6月23日（月） 今日の全校朝会では、①5・6年生が福生市民会館で行われた青梅市の小学校音楽会で素晴らしい合唱を発表したこと、②さわやか元気隊の活動が始まり、今までも翌朝の挨拶ができたが、さらに挨拶が良くできるようになってきたことを話しました。

6月24日（水） 校内研究会第一日目です。本校では、友田小教育ルネッサンス推進プラン3年計画を推進しております。学校づくりの中心には校内研究があります。校長は校内研究を組織できないと学校づくりはできません。私は1年目より校内研究を完全に掌握し、2年目は公開教育研究会に向けて宮坂義彦先生・戸田淳子先生を年間講師としてお迎えすることができました。本校で一番重視しておりますのは、授業研究です。授業研究を通して、教師の授業力が高まるとき、子どもの学力も向上します。今年度の研究主題は「子どもの無限の可能性を引き出し高める授業の創造です」この研究主題を受けて副主題として「課題追求型授業の追求ー国語科等を通してー」を設定しています。今年度は年間講師として、宮坂義彦先生（元三重大学教授）、戸田淳子先生（元長野県伊那市公立小学校長）に来ていただいております。本来校内研究と言いますと午後から来校いただき、研究授業を行いご指導いただく場合が多いのですが、今年度の校内研究では、午前中から来ていただき、各クラスの全部の授業を見ていただきご指導いただいております。さらに合唱・表現・体育・国語の授業等広範囲にわたってご指導いただいております。

＊学校に講師を招聘する場合、講師謝礼が必要です。瑞穂三小の場合は、教授学研究の会との共同研究ということで講師謝礼は掛かりませんでした。宮坂先生・戸田先生・大槻先生の場合も、共同研究ということで講師謝礼は掛かりませんでした。本来、大学の先生を招聘すると安くても1回1万円は掛かります。ですから、宮坂先生や戸田先生、大槻先生を一年間何十回と招聘しておりますので何百万円も掛かる計算になります。

呼吸・発声を指導をする戸田先生

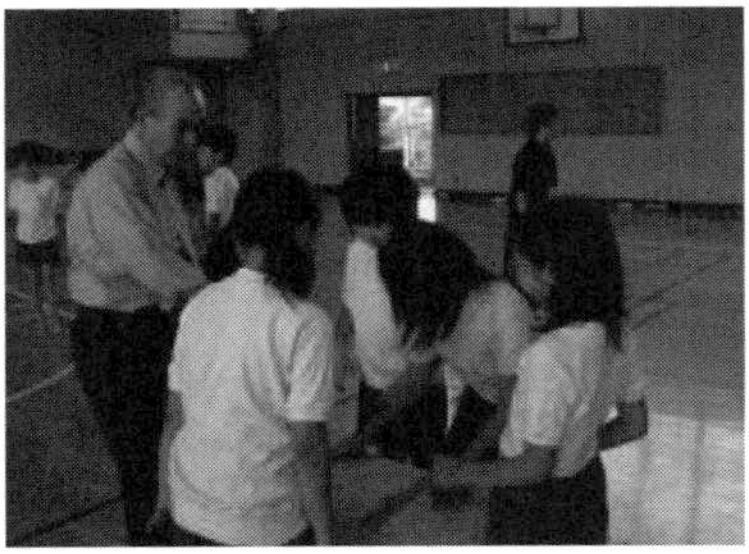

5年生に跳び箱の指導をする宮坂先生

4年生での音楽の授業では、呼吸法や発声法を学びました。3年生では、開脚とび越しの指導を受けました。授業終了後職員研修として、表現活動の基礎となるステップの勉強を行いました。ステップ練習用の「熊の踊り」という曲に合わせて、ウオーキング・ツーステップ・リープターン・バランス・ギャロップを勉強しました。講師の先生方も本校の先生方も汗だくになりました。

6月25日（**水**）国語の授業では、課題追求の方法を学びました。6年生のステップの勉強で「熊の踊り」を学びました。「6年生は最高学年で集中力がありますね」とお褒めの言葉をいただきました。午後からは5年生は跳び箱で「頭支持腕立て前方転回（頭はね跳び）」を見ていただきました。この「頭支持腕立て前方転回（頭はね跳び）」という技はかなり高度な技です。5年

5年生に手でつかむコツを教える戸田先生

6年生にステップの指導をする
宮坂先生・戸田先生

3年生に授業の指導をする宮坂先生

教員研修でステップを指導する
宮坂先生・戸田先生

６年生にステップの指導をする戸田先生

生では少しずつ段階を踏んで練習を積み重ねております。6時間目は2年2組の須藤学級で提案授業を行いました。教材は「てがみ」です。この教材の大問題は、「きつねのこがてがみをながめてにっこりしたのはどうしてか?」です。1時間この問題を真剣に考えました。2年生が6時間目で疲れているにもかかわらずみんな真剣に取り組んでいました。

＊本校では課題追求授業を追求しています。課題追求型授業の国語の学習では、教材文より「変だおかしい、つじつまがあわない」言葉を探し出し子どもが課題（問題）を作り、それを言葉の意味の証拠をもとにみんなで話し合い解決していく方法で授業をしています。子どもが出した問題を小問題、その小問題の中から解決できない問題を大問題と呼んでいます。この大問題を追求することで授業は深まります。

第53号

6月30日（月） 3年生は社会科見学で市内巡りに行きました。引率者は、校長、担任のA先生、岡野先生、図工のSU先生です。最初に見学したのは給食センターです。給食センターでは、どのようにして給食ができるのかを担当の職員の方からていねいに教えていただきました。次に成木小学校を訪問しました。成木小学校では、榎戸校長先生、関根副校長先生が対応してくださり、屋上から周りの様子を見学させていただきました。3年生は話の聴き方が良く榎戸校長先生からお褒めの言葉をいただきました。成木小学校の体育館をお借りして、昼食を食べました。次に奥多摩工業の採石場を見学しました。80トンも砕石が積める超大型のダンプカーや1回でダンプカー1杯分の砕石が積めるシャベルカーに子どもたちはびっくりです。奥多摩工業の皆さんも大勢出迎えてくださり、ていねいに説明をしてくださいました。実際にダンプカーやシャベルカーを動かして実演してくれました。帰ろうとバスに乗り込むと、採石場がぬかっておりましたので、バスが靴の裏についた泥で汚れてしまいました。すると先生に言われたのではなく、自分から「運転手さんよごしてごめんなさい」と謝りの言葉が自然に出てました。素晴らしい3年生に私は感動しました。

1年生・2年生の保護者会がありました。各クラスとも大勢の保護者の皆様が来ていました。私は、この1学期間の子どもたちの成長のこと、良い生活習慣が大切であること、長い目でゆとりをもって見てほしいことを話しました。

7月1日（火） 3年生・4年生の保護者会がありました。私は、1・2年生で話したことを話しました。やはり、良い生活習慣が大切です。

7月2日（水） 午後7時よりPTAの役員会がありました。役員会では、運営委員会で話し合われる内容を検討します。そして午後7時30分より運営委員会が開かれました。PTAの役員の皆様、運営委員の皆様には、夜の貴重な時間を、学校のため、子どもたちのため働いてくださり感謝しております。

7月3日（木） 5年生・6年生の保護者会がありました。今回の5・6年生の保護者会は合同で視聴覚室で行われました。私は、あいさつでは5・6年生の素晴らしさ、思春期にさしかかっていることを話しました。国語の物語教材の5年生の「新しい友達」や6年生の「カレーライス」には、思春期の子どもたちの心理が表現されているので、読んでみることを勧めました。保護者会では、最初に青梅市小学校音楽会での本校の発表を見ました。その後6年生の保護者の皆様は移動教室の様子をビデオを見ました。

1年生用の国語辞典が学校に入りました。1年生の教室ではさっそく、一人ひとりに国語辞典を配り使い始めました。私が導入の授業を行いました。これからどんどん付箋が増えていくことでしょう。楽しみです。

7月4日（金） 児童会の役員の児童が社会福祉協議会を訪問し、古切手やプリペードカードを寄付してきました。このような活動を通して子どもの心が育っていきます。

7月5日（土）・6日（日） 5年生のPTA主催のキャンプが行われました。心配された天候に恵まれ、青梅市の風の子・太陽の子広場で開催されました。5年生PTAのKT実行委員長さんをはじめ実行委員の皆様、5年生の保護者（お母さん方の他に大勢のお父さん方）の皆様の参加がありました。子どもたちはテントを設営し、夕食をつくり、みんなでキャンプファィヤーをし、盛りだくさんの楽しいプログラムで過ごしました。夜中まで楽しい時間だったことでしょう。学校側では、担任の久末先生、樋口先生は一緒に過ごし、その他私や副校長先生、S先生、N先生、F先生、駒形先生が応援に駆けつけました。PTA会長の橋本さん、副会長Sさん他PTAの役員や役員のOBの皆様が応援に駆けつけてくださいました。前担任のFZ先生も来てくださいました。キャンプファイヤーでは、青少年委員で本校の学校運営連絡協議会委員のSNさんやボーイスカウトの指導者の方が計画から運営までを指導してくださいました。こうして大勢の皆様の力に支えられて、5年生キャンプが行われました。

コラム38　良い生活習慣の大切さ

前にも、書きましたが子どもたちの学力向上には、「早寝・早起き・朝ご飯」が大切です。再度強調したいと思います。夜遅くまで起きていますと、どうしても睡眠不足になります。ゆっくり朝食を食べている時間もありません。ですから朝食抜きで学校へ来ることになります。睡眠時間は最低でも子どもの場合は8時間は必要です。成長期ですので、食事も大切です。栄養のバランスのとれた食事は欠かせません。「勉強しなさい」と言う前に、良い生活習慣をつけることが一番です。良い習慣とは、簡単にいうと健康に配慮した規則正しい生活です。「早寝・早起き・朝ご飯」はそれを具体的にわかりやすくあらわしたものなのです。ドイツの思想家カール・ヒルティはその著書「幸福論」の中で良い習慣の大切さを説いています。これは古今東西の真理です。刺激が多い現代において、実行するには努力がいります。しかし、実行すればそれだけの成果があがるのです。

第54号

7月7日（月） 今日の全校朝会では、5年生の学年PTA行事のキャンプが7月5日（土）・6日（日）に風の子・太陽の子広場で行われたこと、5年生が大活躍し、ひと回り大きく見えること、さわやか元気隊、縦割り班が順番で朝の挨拶を頑張っていること、挨拶には心が大切なことについて話しました。

午前9時10分より教育委員会訪問がありました。今日の訪問では最初に、私と市川副校長先生が友田小学校の教育について説明し、2時間目・3時間目は各クラスの授業を見ていただきました。授業参観終了後、懇談を行いました。「子どもたちが、集中し落ち着いて勉強している」とお褒めの言葉をいただきました。

7月8日（火） 1年生はオペレッタ「くつやとこびと」に取り組み始めました。3時間目に音楽室で渡辺先生より、歌を教えてもらいました。子どもはオペレッタが好きです。何曲もどんどん覚えていきます。

7月9日（水） 今日の午後、私は、校内研究会の講師として、青梅市立第七小学校に行きました。行われた授業は3年生の国語の授業で、「三年とうげ」という昔のお話です。担任の菊池先生と子どもたちが一生懸命授業に取り組んでいる姿が印象的でした。第七小学校でも、校内研究に一生懸命取り組んでいました。

7月10日（木） 体育館で音楽集会がありました。本校では、行進曲として「大きな石」という曲を使っています。今日はその歌をみんなで歌いました。

避難訓練では地震を想定した避難訓練が行われました。避難訓練の放送が始まると、一人のおしゃべりもなく整然と校庭に避難ができました。6月14日に岩手・宮城内陸地震（マグニチュード7・2）がありました。昨年は、3月25日に能登半島地震（マグニチュード6・9）、7月16日に新潟県中越沖地震（マグニチュード6・8）の地震がありました。日本は地震の多い国です。日頃からこうした訓練が欠かせません。

7月11日（金） 今日から2年生はオペレッタ「手ぶくろを買いに」に取り組み始めました。オペレッタでは最初に歌を覚えます。音楽室で渡辺先生から教えていただきました。2年生は、昨年オペレッタ「おむすびころりん」に取り組んでいます。1時間の中で歌をどんどん覚えていきます。子どもの学ぶ力は素晴らしいです。

第55号

7月14日（月） 1学期最後の全校朝会です。私は、掃除のことについて話しました。「私の家の近くに、毎朝道路のごみ拾いをしている年配の方がいます。なかなか毎日ごみ拾いはできるものではありません。私が『大変ですね』と話しかけますと『住んでいる自分の地域をきれいにしようと取り組んでいるのです』と笑顔で答えてくださいました」みなさんは1学期の終わりということで今掃除に取り組んでいます。自分の学校をきれいにするという気持ちを忘れないでください。

7月15日（火） さわやか元気隊、今日は11班です。「おはようございます」と元気な声が朝の学校にこだましています。さわやかな挨拶は本当に気持ちがいいものです。

7月16日（水） 校内研究会がありました。この時期に校内研究会がある学校はそうそうありません。講師の宮坂先生・戸田先生が来校され、2校時（6年生の合唱）や3校時（5年生の表現のステップ）、4校時（国語の授業）を指導していただきました。午後は5年1組、久末学級の提案授業です。教科は国語で、教材は、「地図のある手紙」です。学校経営方針に書かせていた

問題を真剣に考える子どもたち

だいておりますが、質の高い授業のポイントは4つです。

① 課題が明確であること

② 心地良い緊張と集中があること

③ 教師と子ども、子どもと子どもにひびきあいがあること

④ 新しい創造があること

今日の久末学級の授業は、右記の4ポイントをすべてクリアーしたものでした。今回も授業についてたくさんのものを学ぶことができました。こうした授業研究を通して、私たち教師は、授業から学び、授業力を向上させるのです。

7月17日（木） さわやか元気隊今日から12班です。毎日繰り返し行うことで挨拶は身に付いてくるのです。

7月23日に、いじめゼロ宣言こども会議が教育センターで行われます。青梅市内の小中学校の児童会・生徒会の代表が集まります。本校からも児童会の代表としてWさん、Sさんが出席します。

7月18日（金） いよいよ、1学期が今日で終わります。終業式では、一年間の目標である「構えと対応」について話しました。「『構え』とは心と体の準備をすることです。授業中、先生の話を

聴く、友達の意見を聴く場合、心と体を集中させなければなりません。『対応』とは、自分で考え行動することです。授業中に友達の意見を聞いて自分の意見と比較し、考えることができることです。このことが少しずつできるようになってきています」

子どもたち一人ひとりが大きく成長した1学期でした。ご家庭では、是非この機会に子どもと成長について、話し合ってください。子どもの成長を認めてあげることが大事です。認められると子どもは、次への意欲をかき立てられます。

コラム39　この夏、ご家庭でも辞書引きを

友田小学校では、1年生から5年生までは全員分の国語辞典を青梅市の子どもいきいき教育プランの予算よりそろえました。6年生につきましては、図書室にある国語辞典がありま す。国語辞典を使った学習法は、いたってシンプルです。言葉を引き、付箋に自分の引いた言葉の番号（自分が引いた言葉で何番目なのか）と言葉を書き貼るだけです。辞典を引いていくとどんどん付箋が増えていきますので意欲がわきます。一日10語ずつ引くと夏休みは40日ほどありますので４００語は引くことができます。10語ぐらい引くのに、あまり時間はかかりません。5分とか10分の時間でできます。自学自習の習慣をつけるには、この辞書引き学習法が効果を発揮します。この夏休み、学校では、希望者に国語辞典を貸し出します。引いた言葉の数が増えてきますと加速度がついてきます。１００語引ければ２００語までいくのは半分の時間でできます。語彙力が増えれば、読書にも興味が持てます。国語力がつきます。

第56号

9月1日（月） 今日から2学期が始まりました。今日の始業式で私は、「子どもたちが元気で登校してくれてうれしいこと、早寝・早起き・朝ご飯を実行すること、自分のめあてを持ってがんばること」を話しました。児童代表で5年生のWTさんが、夏休みがんばったこと（水泳、桑の木っ子サマースクール）や2学期の決意を話しました。とてもしっかりとした話で、全校の子どもたち一人ひとりも2学期のめあてがしっかり持てたことと思います。

東海大地震警戒宣言発令を想定した引き渡し訓練が行われました。地震はいつ起こるかわかりません。日頃より様々な場面を想定して親子で話し合うのも有意義です。

9月3日（水） 給食が始まりました。今日のメニューにいわしのから揚げが出ていましたが、結構子どもたちは好きなようです。いわしはカルシウムがあるので、しっかり食べてほしいです。カルシウムが不足すると成長にかかわるばかりでなく感情的になりやすくなると言われているのです。

夜は午後7時よりPTA役員会、午後7時30分より第4回目のPTA運営委員会がありました。

内容は運営委員会だよりをご覧ください。

9月4日（木） 今日から夏休み作品展が始まりました。子どもたちの力作が展示されております。場所は、図書室と視聴覚室です。9月10日まで開催しております。大勢の保護者の皆様に来ていただければ幸いです。

先生の話を真剣に聞く子どもたち

9月5日（金） 5時間目に3年1組の岡野学級で体育の研究授業が行われました。岡野教諭は、授業を研究するために、東京都教育委員会が実施しています教師道場に通っております。教師道場は中堅教員を育てるためのものです。授業は3年生での表現活動の授業です。この研究授業には、指導主事の先生、教授の先生、同じグループの先生方が来校され、授業後検討会が持たれました。

1年生では、動物教室が開かれました。ワンちゃんが3匹来校、動物との接し方について学習しました。

夏休みの様子

学校では、水泳教室、桑の木っ子サマースクールが行われました。水泳教室は、7月22日から8月4日の土、日を除く10日間行われました。今年は、晴天が続き、1回雨で中止した以外は全部できました。参加者は延べ人数で1287名です。自学自習を目的とした桑の木っ子サマース

桑の木っ子サマースクールで
勉強に励む子どもたち

クールは、7月22日から8月4日までと8月25日から29日までの土日を除く15日間行われました。指導員の先生のご協力も得て、子どもたちは一生懸命学習しました。参加者は延べ人数で１２０７名です。水泳教室及び桑の木っ子サマースクールとも、昨年度の参加者を上回っています。

7月23日には青梅市の小中学校の児童会や生徒会の代表者が青梅市の教育センターに集まり、いじめゼロ宣言子ども会議が行われました。友田小からは児童会の代表としてＳさんＷさんが出席しました。

8月3日（日）には、ＰＴＡの皆様がクリーンキャンペーン多摩川1万人清掃に大勢参加していただきました。

8月23日（土）には、ＰＴＡの文化厚生部主催の夏休み親子工作教室が行われました。

校長通信

第57号

9月8日（月）全校朝会では、「構え」と「対応」について話しました。「構え」とは心と体の準備をすることであり、「対応」とは他との関係をつくることです。コミュニケーション能力もこの中に入ります。学習する場合でもこの「構え」と「対応」ができていれば、効果は絶大です。すぐにできることではありませんが、少しずつ身に付けてほしい能力です。

今週は第二中学校の職場体験学習で、3名の中学生が友田小学校に来ました。いずれも2年生の男子です。Y君・K君・YM君の3名です。主に1年生の教室で働いてもらいます。3名に、小学校を選んだ理由を聞いてみますと、いずれも「子どもが好きだから」ということでした。

9月9日（火）2学期も挨拶運動を続けております。中学生の3人にも入ってもらいました。「おはようございます」と元気に挨拶をしてくれる子ども、ちょっとはにかんで挨拶する子ども、最初は中学生も恥ずかしそうでした。挨拶も習慣です。さわやかな声でご家庭でも挨拶をしてみてください。一日がきっと楽しくなりますよ。

9月10日（水）1・2時間目に坂田かほる先生に来校いただき、5年生が俳句の学習をしました。坂田先生は、友田町に在住の著名な俳人です。子どもたちは、坂田先生の直接の指導を受けて、俳句づくりに挑戦していました。

9月11日（木） 今日は6年生が、坂田先生から俳句を学びました。昨日の5年生・今日の6年生、どんな良い作品ができるか楽しみです。

9月12日（金） 2学期最初の読み聞かせがありました。本校では読書ボランティアさんが月に2回金曜日に子どもたちに読み聞かせをしてくださいます。子どもたちが直接本に親しむ良い機会となっています。保護者の皆様の中で是非読書ボランティアをやってみたいと思われている方がいましたら、市川副校長先生までご連絡ください。現在、人数が足りません。よろしくお願いします。

今日で二中生の職場体験学習が終わりました。Y君・K君・YM君の3名とも一生懸命、様々な学習に取り組んでいました。

坂田先生に指導を受ける様子

第58号

9月16日（火） 1年生と2年生は11月28日（金）に行われる第一回全国公開教育研究会（青梅市学力向上推進モデル校研究発表）に向けて、表現活動の練習に取り組んでいます。今日は4時間目に2年が、5時間目に1年生が練習しました。私も一緒に指導に入りました。1年生はオペレッタ「くつやと小人」、2年生はオペレッタ「手ぶくろを買いに」です。オペレッタとは、ひとつの物語を、歌と踊りとセリフで表現していくものです。オペレッタの効果は、私の学校経営方針の3ページに次のように書いてあります。

表現力の大切さ

日本人は元来コミュニケーション能力や自己表現力が不足していると言われています。表現知という言葉があるように、表現力を高めることで子どもの学力は確実に向上します。これからの時代自己表現力は不可欠な能力です。たとえば演劇的手法による身体表現を伴う表現（オペレッタ等）は子どもの心を解放するのに役立ちます。また、子ども同士のつながり（対応すること）を深めることは、各教科の授業での集中力の向上に効果があることが、実践により証明されています。

9月17日（水） 今日は校内研究の日です。宮坂先生・戸田先生が見えられました。宮坂・戸田先生には今年度校内研究の年間講師として来校いただいております。2時間目には、2クラスの授業を見ていただきました。3時間目には1年生のオペレッタ「くつやと小人」の主に歌う時の声の出し方の指導をしていただきました。4時間目は2年生のオペレッタ「手ぶくろを買いに」です。2年生は昨年度1年生のとき、オペレッタ「おむすびころりん」を学習しました。その学習がしっかりと生きています。集中力があります。

5時間目は提案授業がありました。3年1組の岡野学級で、国語の「三年とうげ」の授業が行われました。友田小学校では、学力向上のため課題追求型授業の追求を行っております。PISA型学力をつけることが叫ばれています。PISA型学力とは簡単に言いますと、問題解決能力です。課題追求型授業は、思考力を育て問題解決能力を高めます。教材文を読む中で、子どもたちが、「変だ、おかしい」ところを捜し出し、自分で問題を作っていきます。その問題を授業の中で解決していきます。簡単な問題は自分で辞書を調べたり、友達と話したりして解決します。教材文の核心に迫る問題をみんなで考えていきます。この授業では、「おじいさんがどうしてわざと三年とうげで転んだのか」という子どもから出された問題を話し合いました。子どもたちから「長生きしたいから」「死にたくないから」という考えが出され、その考えの理由がわかる文章を教材文の中から探していきました。子どもたちは真剣に授業に取り組みました。3年

1組の子どもたちの朗読の素晴らしいのにはびっくりしました。授業後は宮坂義彦先生・戸田淳子先生を囲んで授業の検討会が行われました。先生方から活発な意見が出され充実した検討会になりました。

9月18日（木） 桑の木っ子ルームが行われています。桑の木っ子ルームは自学自習が基本です。子どもたちは一生懸命勉強しています。自ら学ぶことが学力向上の近道です。

9月19日（金） 朝はあまり天気が良くなかったので、今日のたてわり班遊びは各教室で行いました。今日はクラブ活動の日です。クラブ活動の日を子どもたちはとても楽しみにしています。

第59号

9月22日（月） 今日の全校朝会は天候の関係で体育館で行いました。私は、最初に前回に続いて、「構え」と「対応」について話しました。大切なことは何回も繰り返すことで定着します。次に、2学期が始まり朝会で中々時間が取れなかった「いじめゼロ宣言子ども会議」について話しました。私が話した後に、児童会の代表として出席した6年生のSさん、Wさんが「いじめゼロ宣言こども会議」の様子について報告しました。友田小学校の児童会では、いじめゼロの取り組みとして、「いじめゼロ標語」に取り組みました。4年生以上の各クラスから出された「いじめゼロ標語」は児童玄関に表示します。

9月25日（木） 今日の音楽集会では、今月の歌として「翼をください」「友田小の子ども」「校歌」を歌いました。「友田小の子ども」と「校歌」を運動会で歌います。

＊「友田小の子ども」は友田小開校時校歌ができるまでに歌った歌です。

10月5日（日）の運動会に向けて、毎日運動会の練習が盛んに行われています。ダンスや組体操、徒競争やリレー、団体種目等様々です。運動会の各種目の練習を通して、運動能力はもちろ

んのこと集団行動の中で自ら考え判断し行動することを学びます。自ら考え判断し行動すること

こそ大切なことです。

9月26日（金） 2学期第2回目の読書ボランティアさんによる読み聞かせがありました。子どもたちは、読書ボランティアさんの読み聞かせを毎回楽しみにしています。

＊10月5日（日）は運動会です。子どもたちは、運動会という晴れの舞台で、素晴らしい演技を繰り広げることでしょう。保護者の皆様のご来校を心よりお待ち申し上げております。

校長通信

第60号

9月29日（月） 今日から運動会の全校練習が始まりました。あいにく雨ですので体育館で行いました。今年度の運動会の委員長は駒形先生です。入場の練習や応援の練習を行いました。

9月30日（火） 今日も雨です。全校練習は体育館です。台風が日本に向かっています。5日（日）の運動会が心配です。

6年生の美しい入場

10月2日（木） 心配されていた台風は、南に去り、快晴の秋晴れです。全校練習もはじめて校庭でできました。各学年の練習も校庭でできました。

10月3日（金） 子どもたちのたたずまいが素晴らしくなりました。

10月5日（日） 天気予報では、曇りで雨も降るかも知れないという予報でしたが、快晴とまではいきませんが運動会日和になりました。子どもたちは、この日のために練習を積み重ねてきました。晴れの舞台で最高のものを出してくれます。

表現活動は、本校で力を入れて取り組んでいるものです。表現活動が、成功するためには、子どもたち一人ひとりが、自分の課題をしっかりと持っていることが必要です。単に踊りを教える詰め込み型では、やらされた踊りになってしまいます。自分の踊りにするためには、踊りの場面ごとの課題、「腰を伸ばす」とか「胸を開く」などをしっかりと意識させます。課題は具体的なほうが有効です。「胸を開く」よりは「胸にお花を咲かせましょう」の方がより具体的です。自分の課題をしっかりと把握し、より良い演技を作ろうとするとき、子どもの表情も生き生きします。やらされているかどうかは表情を見ればわかります。

1・2年の表現「ポンポンパラダイス」は、子どもがリズムにのり楽しく踊っていました。表情がとてもいいです。この曲が好きなことが良くわかります。

3・4年生の表現「ウルトラミュージックパワー」は、子どもの自信に満ちた、生き生きとした表情が印象的です。間の取り方などにも気を使って演技していました。

5・6年生の組体操「美しく　力強く」は、さすが5・6年生の高学年です。

集中力があります。一人技、二人技、三人技、四人技、集団の演技、すべての技に集中しておりました。最後の塔は、難しいのですが全員が気持ちを合わせて行っていました。1回で完成できなかったグループが何回も挑戦している姿に感動しました。子どもたちは、それぞれの課題に挑戦し、演技を創り上げていきました。運動会の表現活動を中心に書かせていただきました。子どもたちは、運動会のすべての競技（徒競走、リレー、団体競技等）に全力でぶつかりました。

応援団も団長の6年生のKZ君（白組）、KTさん（赤組）を中心に大活躍です。はじめの言葉の1年生、児童代表の言葉の6年生のWさん、Nさん良くがんばりました。本当に素晴らしい運動会になりました。来賓として来校されました、小野教育委員様が、「友田小の運動会は、子どもがどんどん動きますね。先生の姿が全面に出ないのがいいですね」と感想を話されていました。「自立した子ども」は本校がめざしている子どもです。

子どもが晴れの舞台で最高のものを出すためには、来校された皆様のお力が必要です。当日ご来賓として来校されました、小野教育委員様、畑中教育長様をはじめ教育委員会の皆様、本校の学校運営連絡協議会委員の皆様、各自治会長・民生児童委員・地域でお世話になっている皆様、友田保育園長、前校長の粟田先生はじめ本校の旧職員、運動会にお手伝いいただきました、PTA本部役員の皆様、運営委員の皆様、保護者の皆様ありがとうございました。当日来校されました、保護者・地域の皆様はじめすべての方々に心より感謝申し上げます。

コラム40　表現としての行進

「行進は一つの表現である。それは一人ひとりの子どもの解放と自己表現を基礎として、調和的・リズム的な集団のダイナミズムをつぎつぎと創造していくところの、表現の一様式である。したがって行進の指導においては、教師は何よりもまず一人ひとりの子どもを鮮明に際立たせ、子どもたちが相互の関係の中で十分に自分を表現できるようにしてやらなけれ

瑞穂三小の行進（6年生）
瑞穂三小写真集「教育賛歌」より

ばならない。まっすぐに顔をあげ、胸を広げ、腰を伸ばし肩の力を抜いて、リズミカルに歩けるように指導するとともに、前後左右の間隔をできるだけ開け、一人ひとりがたっぷりと自分を表現できる空間をつくってやる必要がある」（「教育賛歌」一莖書房）

　これは私が初任者から7年間勤務した瑞穂第三小学校で学んだことです。美しく歩くことは行進の基本です。このような行進は単に練習を積み重ねればできるというものではありません。毎日の質の高い授業によって培われる子どもの内面の成長が不可欠です。私は毎週の児童朝会の退場行進を行進の練習にあてております。必要があれば体育の時間での行進の練習が必要です。本来ならば、ピアノを校庭に出して、子どもの状態に合わせて伴奏することが一番ですが、それは物理的に不可能です。やむをえず伴奏を録音したものを放送で流しています。運動会という目標に向かい練習した成果として、行進の質は高まりました。来年度は運動会で全校行進を発表することができればと考えております。これは私の夢です。

第61号

10月7日（火） 朝、登校して来る子どもたちのすがすがしい顔、満足している様子がうかがえます。運動会という晴れの舞台を経験し、ひと回り成長しました。子どもの成長にとって晴れの舞台は必要なのです。子どもたちを見ていて改めて思いました。

10月8日（水） ＰＴＡの役員会が午後7時より、運営委員会が午後7時30分より行われました。学校はＰＴＡの方々の応援に支えられております。運営委員会の内容につきましては、「運営委員会だより」をお読みください。9月に推薦委員会が発足しました。今、次年度の役員さんを募集しております。保護者の皆様のご協力をお願いいたします。

10月10日（金） 運動会で素晴らしい事実を示した子どもたちには次の課題が必要です。幸い11月28日（金）に全国公開教育研究会（青梅市学力向上推進モデル校）の研究発表があります。学校は11月28日に向かって、一歩一歩進んでいます。1年生から6年生まで全学年の子どもたちが、合唱やオペレッタに取り組みます。

次頁の写真は、オペレッタ「手ぶくろを買いに」で自分の課題に向かって努力している2年生

三人で森の木をイメージして表現しています

戸田先生より
表現の基本の指導を受けている様子

体全体で表現する子ども

宮坂先生に動きの指導を受ける

の様子です。表現活動は集中力を育てます。友達と協力する力を育てます。

コラム41　記録の大切さ

前にも書いたかも知れませんが、ルネッサンス時代の大天才レオナルド・ダ・ビンチは、手帳を肌身離さず持っていました。彼は、発見したことがあるとどんどん手帳に書きとめていきました。ダ・ビンチの発明・発見の裏には手帳があったのです。今年は、日本人のノーベル賞ラッシュですが、日本人としてはじめてノーベル賞を受賞した湯川秀樹博士の自伝「旅人」という本の中に、枕元に紙と鉛筆を用意していたことが書かれています。良い発想はリラックスしたときに思いつくものです。思いついたら忘れないように記録していたのです。人間の脳は忘れるようにできています。ですから、学んだことや発見したことを記録するということは大事なことなのです。

第62号

10月14日（火） 今日は、表現活動（オペレッタ）の指導に、宮坂先生・戸田先生が来校されました。オペレッタは、総合芸術です。一つの物語を、歌とセリフと身体表現で表現していきます。劇との大きな違いは、大道具や小道具、照明、衣装がありません。すべて自分の体で表現しなければなりません。それがいいのです。最近コミュニケーション能力の育成、自己表現力の育成が叫ばれています。友田小が行っております課題追求型の授業でその能力は育成されます。さらに、表現活動を行うことで育成することができるのです。今回は、講師の先生から基礎的なことをていねいに教えていただきました。子どもたちは、講師の先生からの指導をどんどん吸収して、みるみる自分を変えていきます。子どもたちの柔軟性にはびっくりします。

10月16日（木） 音楽集会では、研究発表会で発表する全校合唱のはじめての練習をしました。最初の練習としては、声が出ていました。これも音楽の渡辺先生に音楽の時間に少しずつ指導していただいた成果です。1年生から6年生まで300名が心を合わせて歌うことは何と素晴らしいことでしょう。発表する曲は、「もみじ」と「勝利の行進」（歌劇「アイーダ」より）の2曲です。「もみじ」は昔から歌われてきた曲ですが、情景が伝わるようにたっぷりと歌います。「勝利の行進」は行進曲ですので力強くテンポ良く歌います。音楽集会では、音楽の渡辺先生の協力を得ながら、校長が指導します。私はピアノも弾けませんし合唱指導の専門家ではありません。しかし、合唱指導については長年勉強してきました。子どもたちの無限の可能性を引き出し高めるため、全力を尽くして取り組みます。これから、研究発表会までに計画的に練習を積み重ねていきます。もちろん講師の先生にも指導を受けます。研究発表会の前に保護者の皆様にお聞かせできればと考えています。日時などは校長通信でお知らせします。

10月17日（金） 今日は宮坂先生の他に群馬県伊勢崎市より、表現指導の専門家である大槻志津

大槻先生より指導を受ける

大槻先生のお話を
しっかりと聞く１年生

江先生に来校いただき、ご指導を受けることができました。大槻先生は群馬県の境町の境小学校で小学校の先生としてご活躍されました。現在87歳になられましたが、今でも日本全国の学校で表現の指導をされています。なかなか来ていただけない先生に来ていただき表現指導について多くのことを学ぶことができました。11月にも来ていただけるのでうれしい限りです。

第63号

10月20日（月） 今日は学校公開日です。朝から大勢の保護者の皆様が参観に来校しました。子どもたちも楽しそうです。私は2時間目と3時間目に教室を回って見ました。1年生では生活科で編み物をしていました。2年1組は英語あそびを、2年2組は図工で石を使って自分の好きなものを作っていました。3年1組は、社会でお店屋さんの勉強をしていました。3年2組は総合的な学習の時間で手づくりのカメラを作っていました。4年生では、昨年に引き続き気象予報士の方に来ていただき、地球温暖化などの勉強をしました。5年生では、学力向上推進モデル校の研究発表で行う体育の「頭支持腕立て前転（頭はねとび）」を体育館で行いました。最初に練習したころは、なかなかできなかった子どもたちも、練習を積み重ねてできるようになってきました。5年生では放課後に希望者が先生といっしょに自主練習しています。6年1組では6年生の家庭科を受け持っている

気象予報士の岡田さんの話を真剣に聞く

宮坂先生の質問を真剣に考える６年生

マットを使い頭はねとびの練習

ＭＩ先生が教えました。エプロンを一生懸命作っていました。６年２組は体育館で体育です。走り高跳びの練習をしていました。

10月21日（火）　ＳＩさんに協力いただき稲刈りを実施しました。１・２時間目は１・２年生が、３・４時間目は５年生が行いました。たわわに実った稲穂を刈り取る体験は貴重です。子どもたちは喜々として稲を刈っていました。

今日と明日は２日続きの校内研究の日です。先週も来校いただいた宮坂先生が来校されました。主に今日は国語の授業について勉強しました。国語の授業は言葉に注目します。気になる文章を見つけ、問題を作り言葉を詳しく調べ証拠を見つけていきます。課題追求型授業の研究に友田小は取り組んでいるのです。

10月22日（水）　今日は宮坂先生、戸田先生が来校されました。主にオペレッタの指導をしていただきました。１年生は「三枚のおふだ」２年生は「手ぶくろを買いに」５年生は「子どもの世界だ」６年生は「大工と鬼六」に取り組んでいます。３年生は、合唱「ドレミの歌」「エーデルワイス」、４年生は合唱「もみじ」「よろこびの歌」に取り組んでいます。オペレッタでも合唱でも、表現は自分の

戸田先生に動きの指導を受ける

戸田先生より呼吸の指導を受ける５年生

全神経を集中させて取り組まなければなりません。歌では呼吸がポイントです。オペレッタでは対応です。回を重ねるごとに少しずつ上達していきます。

10月23日（木）午後7時より応接室で学校運営連絡協議会がありました。学校側からは、子どもの成長の様子や11月28日（金）に行われます青梅市学力向上推進モデル校研究発表会、放課後子ども教室について話しました。会議では放課後子ども教室が話題になりました。友田小学校では来年度より放課後子ども教室を実施する予定になりました。詳しくは、1月の学校経営説明会パートⅡ成果と課題で説明する予定です。

青梅市の小中学生主張大会が11月1日（土）午後1時30分より青梅市民会館で行われます。本校から5年生のＮＯさんが選ばれました。この大会には青梅市の小学生約３０００名の主張作文の応募者の中から6名の小学生が選ばれました。お時間のある方は是非お出かけください。

第64号

10月27日（月） 今日の全校朝会は体育館で行いました。これから11月中の全校朝会は、すべて体育館で行います。11月28日の研究発表で全校合唱を行いますので、その練習をします。62号でお知らせしましたように、歌う曲は、「もみじ」と「勝利の行進」です。

桑の木っ子ルームには、大勢の子どもたちが通っています。低学年を中心に、20名前後の子どもたちが指導員の助けを借りながら自学自習しています。桑の木っ子ルームは、本校の学力向上策の一つです。

今日は安全安心ボランティアさんに午後1時に学校に来ていただき、学校側から校長・副校長が出席して、安全・安心連絡会を開催しました。会議では、安全・安心ボランティアさんからパトロールの様子、子どもたちの様子が出されました。現在安全ボランティアさんは6名です。小泉さん（代表）・Mさん・Yさん・Sさん・Iさん・Nさんです。今回はMさんはご都合で来校されませんでしたが、Kさん他4名の皆さんがお出でになりました。

10月28日（火） 2学期のさわやか元気隊のあいさつ運動が始まりました。しっかりとした挨拶

（「おはようございます」「こんにちは」「さようなら」「ありがとうございます」「会釈」等）は社会生活の基本中の基本です。小学生の時に挨拶を身に付けておけば、将来のために役立ちます。私も毎日児童玄関に立ち子どもたちに声かけをしています。しっかり挨拶のできる子、恥ずかしがってしまう子、様々です。友田小学校の子どもたちは良く挨拶ができる子が大勢います。ご家庭でも声かけをお願いします。

今日の午後は就学時健診がありました。次年度入学する子どもたちが保護者の皆様に連れられて来校しました。来年度入学する児童は、50名です。

10月29日（水） 4年生の社会科見学がありました。4年生の社会科では東京都のことを勉強しています。その中でも玉川上水の勉強のため、今日は羽村市郷土博物館、羽村の堰へ行き勉強しました。郷土博物館では、係りの方から、玉川上水の説明を受け、館内を見学しました。羽村の堰には実際に行って現在残っている玉川上水を実際に見学したり、羽村の堰の様子を見たり、玉川上水を江戸幕府に命じられて作った玉川兄弟の像を見学しました。で訓練を実施しました。みんな私語もなく整然と避難できました。

11月28日の第一回全国公開教育研究発表会に向けて、1年生から6年生までが全校で練習をしています。1年生もずいぶん上手になってきました。来週の12日（水）には講師の宮坂先生・大槻先生が来校され教えていただきます。

10月30日（木） 学校では毎月1回避難訓練を実施しています。今日は地震が起こったという想定。

10月31日（金） 今日の音楽集会では、11月28日の研究発表会に向けて、全校合唱の練習をしました。体育館にひな壇を設置し、1年生から6年生まで全員が舞台と舞台前に集合しました。300名が並ぶと壮観です。これから研究発表まで練習をしていきます。

11月1日（土） 63号でお知らせしましたが、今日は青梅市の小中学生の主張大会が青梅市民会館でありました。本校からは、5年生のMさんが「私の将来の夢」という演題で大勢の前で堂々と発表しました。そして審査員特別賞を受賞しました。2学期中に友田小学校の子どもたちにも、聞かせる機会を作りたいと思います。

第65号

11月4日（火） さわやか元気隊のあいさつ運動が続きます。（午前7時55分～8時5分までの10分間）縦割り班ごとに交代で行っています。4日は3班が当番です。10人以上が参加しました。元気で登校してくれること、うれしい限りです。

学力向上推進モデル校の研究発表に向けて、全校朝会の時間は、全校合唱の時間にあてます。今日は、舞台にも台を設置し、1年生から6年生までが一同に並んでみました。舞台に台を設置したので、5年生や6年生の顔が見えるようになりました。合唱の声も少しずつ出るようになってきました。

1・2年生は生活科見学で、羽村動物公園に行きました。ふれあい体験コーナーでは、モルモットやひよこなどとふれあいました。小動物を上手にだっこしている子どもが印象的でした。

11月5日（水） PTA運営委員会が午後7時30分よりありました。詳しい内容は運営委員会だよりをご覧ください。

11月7日（金） 今日は読み聞かせがありました。読書ボランティアさんが子どもたちのために、

しっかりと行進できるようになった
1年生

いろいろなお話を読んでくれます。子どもたちが楽しみにしている時間です。

第66号

11月10日（月） 11月28日の研究発表に向けて月曜日の朝会の時間は全校合唱の練習に当てています。今日も全校合唱の練習をしました。子どもたちは少しずつ声が出てきています。

私は、多摩地区の特別活動研究会の会長をしています。午後は多摩地区の特別活動の研究発表会に行きました。

11月11日（火） 今日は、3時間目には6年2組の駒形学級で研究授業があり、教育委員会の斉藤指導主事が来校しました。国語の授業で「海の命」の勉強をしていました。子どもたちが、真剣に学習していました。5時間目には、新規採用2・3年目の先生方の魅力ある授業づくり研修が行われ、本校の須藤教諭が国語の「お手紙」の授業をしました。青梅市内の小中学校から2・3年目の先生方が15・16名来校しました。指導者として、教育委員会の神谷指導主事が来校しました。2年2組の子どもたちが一生懸命学習に取り組んでいました。

11月12日（水） 1・2時間目にヤマメの里親教室がありました。青梅市の緑と水の事業団の方がヤマメの卵を持って来校しました。1・2年生は全員、3年生以上は希望者がヤマメの卵をもらいました。これから大切に育てて、来年2月下旬頃多摩川に放流します。

11月28日の研究発表会に向けて、校内研究会が行われました。1時間目より講師の宮坂先生、戸田先生が来校されました。1時間目は5年生のオペレッタ「子どもの世界だ」2時間目は6年生のオペレッタ「大工と鬼六」3時間目は1年生のオペレッタ「三枚のおふだ」4時間目は2年生のオペレッタを行いました。

11月13日（木） 音楽集会では全校合唱の練習をしました。今日は主に入退場の仕方や並び方を練習しました。3年生と4年生は研究発表会で合唱を発表します。渡辺先生の指導で子どもたちの合唱がどんどん良くなっていきます。来週には講師の先生に見ていただきご指導を受けます。

全校合唱を指導される宮坂先生

大工と鬼六の指導をされる戸田先生

脱穀を体験する
１年生・２年生

11月14日（金）　１・２年生は、この間稲刈りをして、干しておいた稲を脱穀しました。本校には、昔ながらの脱穀機が地域の方の寄贈でありますので、その脱穀機を実際に使って行いました。これは子どもたちにとっては貴重な体験です。

第67号

11月17日（月） 今日の全校朝会も全校合唱の練習を行いました。入場退場の練習を行いました。約300名が集まるので結構大変です。この前の練習より少しずつ上手になってきました。

11月18日（火） 今日と明日に2日間は、第一回全国公開教育研究発表会に向けた研究会がありました。年間講師の宮坂先生・戸田先生、表現活動の指導をしてくださる大槻先生と3人の先生に来校いただきました。

今日ご指導いただいたものは、2時間目は1年生のオペレッタ「三枚のおふだ」、3・4時間目は5年生のオペレッタ「子どもの世界だ」、5・6時間目は6年生のオペレッタ「大工と鬼六」です。表現活動の指導（オペレッタ）で大切なことは、「構え」と「対応」です。「構え」は心と体の準備です。心と体の準備ができていないと良い表現はできません。オペレッタは一つの物語を表現します。物語ですから場面がどんどん進行していきます。表現も刻々と変わっていきます。ですから友達の動きに対応して自分も動いていかなければなりません。

11月19日（水） 今日は、1時間目から宮坂先生、戸田先生、大槻先生のご指導をいただきまし

戸田先生の合唱指導

大槻先生の
オペレッタ「三枚のおふだ」の指導

大槻先生・宮坂先生から
オペレッタ指導を受ける２年生

宮坂先生と戸田先生のオペレッタ指導

た。1時間目2年生のオペレッタ「手ぶくろを買いに」、2時間目と4時間目に6年生のオペレッタ「大工と鬼六」、3時間目に3年生の合唱「ドレミの歌」・「エーデルワイス」、4年生の合唱「もみじ」・「喜びの歌」、5時間目に全校合唱「もみじ」「勝利の行進」、6時間目に5年生オペレッタ「子どもの世界だ」、体育「頭はね跳び」をご指導いただきました。

11月20日（木） 今日の朝、音楽集会がありました。昨日、講師の先生から教えていただいたので、全校合唱は今までで一番声が出ていました。5時間目に

1年生は、視聴覚室で他校での「三枚のおふだ」をビデオプロジェクターで鑑賞しました。みんな集中して見ることができました。

校長通信

第68号

11月25日（火） いよいよ28日が研究発表の日です。これから毎日講師の先生方が来校され、ご指導をいただきます。宮坂先生・大槻先生が来校されました。ご指導いただいた内容は、授業・オペレッタ・合唱・体育等です。

戸田先生にワルツのステップの指導をうける５年生

大槻先生・戸田先生からオペレッタの指導を受ける６年生

練習が終わり講師の大槻先生のお話を真剣に聞く６年生

1年オペレッタ「三枚のおふだ」

2年「手ぶくろを買いに」

3年合唱「ドレミの歌」「エーデルワイス」

4年合唱「もみじ」「喜びの歌」

5年「子どもの世界だ」

6年オペレッタ「大工と鬼六」

11月26日（水） 今日は午後から小学校教育研究会がありますので、午前中1時間目から4時間目にご指導いただきました。

宮坂先生・大槻先生・戸田先生が来校されました。

11月27日（木） 28日を控えて最後の練習です。1年生から6年生までプログラム順に講師の先生に見ていただきました。オペレッタも合唱も演技は入場からはじまり退場までが一つのまとまりです。一つひとつの演技を総点検し、課題をもち追求していきます。これで終わりということはありません。最後の最後まで追求し、新しいものを創り出すのです。当日はまた新たな創造が生まれます。

11月28日（金） 研究発表会です。天気はあまり良くありません。幸い雨は小降りなので良かったです。大勢の来校者が見えますので、朝の時間に清掃をしました。きれいにしてお迎えする心が大切です。今日の青梅市の学力向上推進モデル校の研究発表会は次の時程で行われました。

第一回全国公開教育研究会（青梅市学力向上推進モデル校）

「子どもの無限の可能性を引き出し高める授業の創造」が私の学校経営方針です。この経営方針を研究主題にして、平成19年度・20年度と研究を進めてきました。研究発表の主役は子どもたちです。研究発表という晴れの舞台を学校が提供することにより、子どもは今までに見せたことのない可能性を引き出されます。「今の子どもたちは！」とよく言われますが、子どもたちのこの事実を見れば、どうしてどうして、今の子どもたちが素晴らしい力があることがわかります。友田小学校の子どもたちは、本当に無限の可能性を示してくれました。子どもは大きく成長しました。どの学年も子どもがキラキラと輝いていました。当日は、日本全国より大勢の教育関係者が集まりました。約200名の方々が来校しました。参観された方の感想を紹介します。

参観者1（大阪）

今日は、6－1、6－2の「海の命」の授業を拝見させてもらいました。驚いたことには、両クラスとも、安心してのびのびと発言していることでした。6年生は友達の目を気にしたり、照れがでてきたりなど、むずかしい時期と思います。しかし、はきはきと楽しそうに語り合う子どもたちを見て、羨ましく思いました。（いいクラスです。）

授業で国語辞書を引く１年生

５年体育「頭支持腕立て前転」

参観者2（東京）

子どもたちの昨日よりは今日、今日よりは明日と成長していく姿を目の当たりにでき、心から感動しました。多

第一回全国公開教育研究会時程・プログラム

公開授業① 9:20 ~ 10:05 体育館	1年全　音楽・国語　オペレッタ「三枚のおふだ」 2年全　音楽・国語　オペレッタ「手ぶくろを買いに」 5年全　体育「頭支持腕立て前転」
公開授業② 10:20 ~ 11:05 体育館	3年全　音楽　合唱「ドレミの歌」「エーデルワイス」 4年全　音楽　合唱「もみじ」「よろこびの歌」 5年全　総合　オペレッタ「子どもの世界だ」
公開授業③ 11:10 ~ 11:55	1年2組　国語「ずっとずっと大好きだよ」 2年1組　特活「英語活動　英語で遊ぼう」 3年1組　国語「モチモチの木」 4年1組　算数「わり算のひっ算」 4年2組　図画工作「木工作（小物いれをつくろう）」 5年2組　算数「面積の求め方を考えよう」（TT） 6年2組　国語「海の命」
昼食 11:55 ~ 13:00	視聴覚室　図書室　家庭科室
公開授業④ 13:00 ~ 13:45	1年1組　国語「ずっとずっと大好きだよ」 2年2組　国語「お手紙」 3年2組　算数「かけ算のひっ算」 4年2組　算数「わり算のひっ算」 5年1組　国語「わらぐつの中の神様」 5年2組　道徳「シンガポールの思い出」 6年1組　国語「海の命」
全校合唱等 14:00 ~ 14:30 体育館	全校合唱「もみじ」「勝利の行進」 6年全　オペレッタ「大工と鬼六」
研究会・講演会 14:45 ~ 16:15 体育館	あいさつ　青梅市教育委員会教育長　畑中茂雄 青梅市立友田小学校長　隅内利之 研究報告　青梅市立友田小学校研究主任　久末　誠 指導講評　教育指導担当主幹　船山　徹 講　演「子どもが生き生きと教材に取り組む授業づくり」 講師　宮坂義彦 先生（三重大学元教授）

忙な中で先生方のたゆまぬ研修の成果だと感じました。全校合唱は、会場に響き渡るほどの歌に心打たれました。（この参観者は前日も希望で参観した方です。）

参観者3（新潟）

表現知の可能性について学べました。お互いの動きを見合う姿、表現活動の中で目と目で会話しながら表現する姿、このような姿を見ると、自然と個々を大切にした調和が生まれていると感じました。オペレッタと合唱が、子どもたちにあたえる影響が授業の中で見られました。「うんうん」「ええっ」などの反応する姿や、友達の考えをしっかり聞いてつぶやく姿、そしてそのつぶやきを授業にいかしていく先生方の姿勢の積み重ねにより、今の子どもたちの姿があるのだと感じました。何よりも、子どもたちの授業でみせる「まなざし」が生き生きしていました。

参観者4（滋賀）

表現素晴らしかったです。表現を楽しんでいる子どもの姿がたくさん見られました。歌声も澄んでいて美しかったです。公開授業は、高学年の国語の授業を参観させていただきました。教師と子ども、子どもと子どもが風通しのよさ、明るさ、関係のよさを感じました。また、対応していること、集中している姿素晴らしいです。追求型の学習を生で見たのは初めてのことでした。貴重な公開ありがとうございました。

参観者5（東京）

子どもたちのすてきな世界を見せていただきありがとうございました。心から感動いたしました。１・2年生のオペレッタは構成もダイナミックで何より子どもたちが楽しんで表現していることが素晴らしく感じられました。高学年の取り組み本当に大変だったでしょう。良く挑戦されました。授業では、友達の意見に反応しながら自分の考えを話すことの学習がなされていました。開放的で明るい学級経営の中での授業だと感心しました。３・４年生の合唱、ていねいな歌い方が良かったです。全校合唱は、学校長自らの指揮でのびのびと力強い「勝利の行進」は聴く者の心に響きました。ピアノ伴奏の先生、子どもたちの力を引き出してくださる素晴らしいものでした。

＊友田小学校校長2年目にして第一回全国公開教育研究会（青梅市学力向上推進モデル校）を実施することができました。公開教育研究会は子どもたちにとって晴れの舞台です。斎藤喜博先生が群馬県島小学校で実践を始められ、その後、兵庫の御影小学校、広島の大田小学校等斎藤先生が直接指導され、斎藤先生がお亡くなりになられてからは、教授学研究の会との共同研究で東京の瑞穂第三小学校（田嶋定雄校長）、瑞穂三小では公開教育研究会が六回行われました。私は昭和五十三年に瑞穂三小に初任者として赴任し、第五回公開教育研究会を経験しました。田嶋定雄校長先生の「瑞穂三小で公開したものは校長になり学校づくりをしなければならない」という言葉が私の脳裏には刻まれております。また、宮坂義彦先生が中心になり指導された長野の赤穂小学校へと学校づくり（公開教育研究会）の流れは連綿と続いています。

私が公開教育研究会ができるとは思いませんでした。宮坂先生、大槻先生、戸田先生に直接指導を受ける幸運が私に味方したのです。

公開教育研究会を実施することは至難の業です。学校経営で良く使われる言葉に共通理解という言葉があります。しかし、共通理解などしていては、公開教育研究会などできません。教職員の中には様々な考えの方がいます。また、様々な考えの方がいて当たり前です。公立学校は私立学校と違い教職員の異動も自由にはできませんし、学習指導要領のもと教育を進めていくところです。斎藤喜博先生が創り、宮坂先生・大槻先生。戸田先生が継承し発展させた「子どもの可能性を引き出し高める授業の創造」は本物の教育です。私は宮坂先生が追求した追求方式の授業を私なりに解釈し「課題追求型授業」と命名させていただきました。この方式の根幹は宮坂理論です。人間は自分が生きてきた歴史の中から思想や考えを形成します。生き方も経験も違う教職員が一つとなり学校づくりを推し進めるには、「子どもの可能性を引き出し高める授業の創造」の一点に目標を定めて実践を一つにまとめることが必要でした。これが私が校長としての「学校づくりのコツ」です。私は友田小学校の校長として公開教育研究会を実施することを目指して、授業研究主体の校内研究会を実施するとともに、授業の研究以外の煩雑な仕事は極力整理してきました。例えば必要のない会議は極力廃止し、調査物は校長・副校長で処理し、なるべく教員には回さないよう配慮しました。研究については一人ひとりが研究テーマを持ち、全員研究授業を一年目から進めてきました。この全員研究授業は必ず講師の指導を受けることにしました。私の学校づくりに必ずしも賛成する教員ばかりではありません。校内研究を進める中で理解を図るよう努力してきました。特にベテランの教員は今まで培ってきた経験を180度変えることは難しいことです。ベテランの教員中には私の学校づくりに賛同し自分の今までの殻を破ろうと日々努力する方が出てきました。その姿は美しいものです。さらに、音楽は東京都では専科教員が行います。公開教育研究会には、合唱やオペレッタがあります。合唱やオペレッタのレベルを上げるには、国語の授業等教科の授業をレベルを上げるだけではできません。音楽専科の先生の協力が不可欠です。その点私が友田小学校の校長としての前半3年間は渡辺洋子先生が音楽専科であり全面的に協力いただきました。参観者の感想にありますように、渡辺先生の伴奏は子どもの力を引き出す伴奏です。

第69号

12月1日（月）久しぶりに校庭で全校朝会を行いました。校庭に並んでいる姿がきれいです。時間になると、放送もないのに子どもたちがしかっりと間をとり整列しております。子どもたち全員が、目をパッチリと開き私を見ております。ものすごい集中力です。私は、公開教育研究会（青梅市の学力向上推進モデル校の研究発表）で子どもたちが素晴らしい力を発揮したこと、全国から来た先生方が子どもたちの様子を褒めていたことを話しました。公開教育研究会というおおきな山を乗り越えた子どもたちです。次の山を目指さなければなりません。課題がないと落ちてしまいます。

第二中学校でＰＴＡの三校連絡会が午後7時30分より開かれました。その折、下長淵駐在所の所長さんから友田小学校の子どもたちは「挨拶が良くできます」というお話をいただきました。学校では、さわやか元気隊として挨拶運動に取り組んでおります。その成果があらわれているようでうれしく思います。

12月2日（火）３・４年生の保護者会がありました。11月28日（金）の研究発表会での合唱の様子を見ていただきました。私は各クラスで子どもたちの成長の様子や研究発表会での素晴らしさについて話しました。

12月3日（水） 午後7時よりPTAの役員会が、午後7時30分よりPTAの運営委員会がありました。私は、11月28日（金）の研究発表会で本部役員の皆様、運営委員の皆様には、受付や接待などお世話なったお礼の話をしました。

12月4日（木） 5・6年生の保護者会がありました。私は、各クラスで子どもたちの成長の様子や研究発表会での素晴らしさについて話しました。

聖明園でリコーダーを演奏し歌う子どもたち

12月5日（金） 3年生がホットマンの工場見学に行きました。担当者の方々が本当にていねいに説明してくださいました。子どもたちも、話の聞き方や見学の仕方が上手でした。

友田小学校の児童会では毎年、要らなくなったタオルなどを集めて、それを持って、児童会の役員が聖明園を訪問します。聖明園では、そのタオルなどを雑巾に縫ってくださり、後で届けてくださいます。児童会の役員（6年のWAさん、YAさん、KUさん、Oさん、5年NOさん、TAさん）と担当のAM先生・樋口先生が今日の午後、聖明園を訪問しました。子どもたちは、リコーダーを演奏し、「もみじ」や「ふるさと」の歌をうたうなど、聖明園の方々と交流しました。大変喜こんでくださいました。

注　聖明園は65歳以上の視覚障害をお持ちの方で、身のまわりの事はご自分でできる、介護を必要としない方にご利用いただく養護老人ホームです。

10月28日（火）より始めた、2学期のさわやか元気隊は今日で終わりです。10月28日（火）より12月5日（金）まで縦割り班の3年生以上の子どもたちが参加しました。延べ日数24日間、参加した子どもたちの延べ人数は284名です。友田小学校の子どもたちは、良く挨拶ができます。「おはようございます」と元気な声で挨拶するのは、最初はなかなかできないものです。そんな中で家庭でもしっかりと挨拶しているのでしょう。元気に「おはようございます」と挨拶してくれる子どもが大勢います。挨拶できない子どもも、毎日くり返し挨拶をしているうちに習慣化され、できるようになります。小学生のうちに挨拶の習慣を身に付ければ、子どもたちが大人になったときに役立ちます。挨拶は心と心の架け橋です。良い習慣として子どもたちに定着するよう、これからも友田小学校では「挨拶」に取り組んでいきます。是非、ご家庭の応援よろしくお願いします。

第70号

12月8日（月） 今日の朝は縦割り班遊びがありました。どの班の6年生の班長さんを中心に楽しく遊んでいます。縦割り班遊びは特別活動の領域です。最近は昔のように地域の子ども集団がなくなってしまいました。そこで、学校では縦割り班の活動を通じて6年生をリーダーとして1年生から6年生までの班を編成し交流活動を行っております。

1・2年生の保護者会がありました。私は各学級に行き、子どもの成長の様子（研究発表会を含む）について話しました。

12月9日（火） 5年生が社会科見学に行きました。朝8時30分に学校を出発して、最初に日野自動車羽村工場に行き、自動車ができるまでの勉強をしました。お昼は、府中の子ども遊園で取り、午後1時30分からサントリー武蔵野工場を見学しました。子どもたちは、担当者の話をしっかりと聞くことができました。

12月11日（木） 6年生が社会科見学に行きました。見学場所は、国会・皇居東御苑（江戸城跡）・江戸東京博物館です。社会科見学は、教室での学習では体験できない貴重な学習ができる場です。さすが6年生です。集合解散はもちろんのこと、見学の仕方が素晴らしかったです。公開研究会で学んだ成果が出ていました。子どもたちは、きっと多くのことを学ぶことができたことでしょう。

午後7時より安全ボランティアさんとの懇談会がありました。この懇談会にはPTAの校外指導委員会の保護者の皆様、友田・長淵の自治会長の皆様が出席されて、総勢20名ほどの会になりました。懇談会では、和やかな内に子どもたちの安全について様々なご意見をいただき実のある交流ができました。

12月12日（金） 読書ボランティアさんによる読み聞かせがありました。朝の15分足らずの時間ですが、ボランティアさんがそれぞれに子どもの発達段階に合わせて、お話を選択してくださり読み聞かせてくださるので、子どもたちは毎回楽しみにしています。これからもよろしくお願いします。

12月13日（土） PTA文化厚生委員会の企画で「親子で楽しむ冬のコンサート」が午後1時より行われました。寒い日でしたが大勢の皆さんが集まりました。演奏者は土生さん（アコーディオン）、森下さん（ピアノ）、帆足さん（バイオリン）、清水さん（歌）の4人の演奏家の皆さんが来てくださいました。演奏された曲は、スタジオジブリソング・クリスマスソング・リクエスト曲などです。リクエスト曲で「勝利の行進」をお願いしました。公開教育研究発表会で全校合唱として発表した「勝利の行進」聴いている子どもたちは自然に歌を口ずさんでいました。

注　サッカーの応援歌としても有名な「勝利の行進」は、ジュゼッペ・ヴェルディが作曲したオペラ「アイーダ」の第2幕第2場で登場します。

11月28日（金）の青梅市学力向上推進モデル校の研究発表の記事が、「西の風」新聞に掲載されました。また、多摩ケーブルテレビも取材に来ましたが、放送予定を知らせていただいたのが遅かったので、保護者の皆様に連絡できませんでした。来年の1月29日の学校公開日・道徳授業地区公開講座の日に、学校経営報告会を開く予定ですのでそのときご紹介できると思います。

第71号

12月15日（月） 寒い日でしたが、校庭で朝会を行いました。2学期の最初に比べて1年生も良く整列ができます。

12月16日（火） ＰＴＡの推薦委員会がありました。平成22年度に友田小学校は、小学校ＰＴＡ連合会の当番校になりますので通常の役員さんの他に、小Ｐ連の担当役員を決めなければなりません。推薦委員さんには、ご苦労をかけています。ご協力をよろしくお願いします。

12月17日（水） 桑の木っ子ルームがありました。自学自習の学習教室です。時間的な制約がありますが、指導員の皆さんも複数担当しています。これからも充実させていきます。

12月18日（木） 2学期最後の友田集会です。体育館でジャンケン汽車ぽっぽを行いました。長い長い尻尾になりました。

今日は特別支援教育第2回相談会を行いました。明星大学教授の星山麻木先生にお出でいただきました。星山先生は、特別支援教育では有名な先生です。今日も先生のお話から多くを学ぶことができました。来年度にも星山先生にはお出でいただく予定です。

12月22日（月） 教職員の特別支援教育の研修をしました。今回はあきる野学園の保護者のボランティアさんのキャラバン隊レインボーの皆さんにご来校いただきました。内容は支援を必要とする子どもたちの疑似体験を通し、支援を必要とする子について知るというものです。2時間あまりの時間があっという間に過ぎました。大変有意義な研修になりました。

12月25日（木） 2学期の終業式がありました。この2学期、子どもたちは大きく成長しました。友田小学校が進めている教育の方向性が正しいことを子どもたちの姿は示しています。この2学期「構え」と「対応」について何回も子どもたちに話しました。少しずつ子どもたちに自覚が生まれています。

「子どもたちの無限の可能性を引き出し高める授業の創造」をめざして、これからも友田小教育ルネッサンス推進プラン3年計画を進めていきます。これからも、友田小学校を応援してください。

コラム41　課題追求型授業について

友田小学校では、青梅市の学力向上推進モデル校として11月28日に研究発表を行いました。友田小学校で研究しているのが、課題追求型授業です。それでは、課題追求型授業とはどのような授業なのでしょう。

それは、一言でいうと、

課題追求型授業とは、文章の中から「変だおかしい、つじつまが合わない」場所を探し出し、子どもが教師の助けを借りて課題（問題）をつくり、言葉の意味を調べ、文と文との関係を考え、それを証拠として友達同士が対話し内容を深め解決する授業です。

「自分の考えを持ち、子どもが自ら課題を設定し、友達と考えを交流する中で課題を追求し、深めていく授業」と言うことができます。

友田小では、基礎基本をしっかりと身に付ける授業に加えて、子どもが自ら学ぶ課題追求型授業を行うことにより子どもの学力を向上させることをめざしています。

第72号

1月8日（木） 3学期の始まりです。体育館で始業式を行いました。この冬休み子どもたちは元気に過ごしたようです。みんな元気で始業式が迎えられたことはまずもってうれしいことです。始業式では、「願いを叶える」方法について話しました。その方法とは、願いの具体的イメージを持ち、言葉に書くことです。

1月9日（金） 11日に新年親と子の集い「どんと焼き」があります。3年生はそのときに飾る繭玉をつくりました。この繭玉づくりには、地域にお住まいの、輪千さん、村野さんが繭玉づくりの指導にお出でいただきました。繭玉は、米の粉を使いつくります。3年生は一生懸命つく

教えていただきながら
繭玉をつくる子どもたち

友田の伝統行事どんと焼きの様子

りました。できた繭玉は、梅の枝と桑の枝にさしました。

1月10日（土） 朝は8時から、ＰＴＡの役員さん、運営委員さん、サポーターのお父さん、本校の職員が集まり、新年親子の集い「どんと焼き」の準備をしました。仕事は、どんと焼きに使う竹取り、松の葉とり、それが終わるとやぐらを校庭に組みそれに松の葉を詰めていきます。大人用と子ども用二つのやぐらを組みます。サポーターのお父さんの活躍の場面です。午後からは５・６年の子どもたちが来て子どものやぐらを組みました。家庭科室では、お母さん方がもち米をといだり、お雑煮の準備をしたりしました。会場準備でテントや椅子を用意するのも、運営委員さんを中心に行われました。全部の準備が終わりましたのは、夕方になりました。今年は天気が良く良かったです。

1月11日（日） 今日も良いお天気です。朝から昨日と同じようにＰＴＡの役員さん、運営委員さん、サポーターのお父さんが来てくださり準備が始まりました。

皆さんの協力で、どんどん準備が進みます。開会の午前11時には、保護者、地域の皆さん、子どもたちが大勢つめかけました。４００名以上集まったと思います。子どもたちが手づくりの弓でやぐらに火を付け始まりました。餅をついたり、お雑煮を食べたり、きな粉餅・あんころ餅・からみ餅・のり餅が配られました。親子で楽しそうに過ごしている姿が印象的でした。ご来賓の皆様も大勢見えられ、盛大にできました。本校の教職員も大勢来ました。こうして、保護者、地域と子どもたち、教職員がいっしょになってできるということはうれしいことです。地域に支えられている学校であることを改めて思いました。友田小学校は、地域に支えられた素晴らしい学校です。

コラム42　自覚について

自覚という言葉を辞書で引きますと、「自分のおかれている立場や責任などを、自分で知ること。自分で感じとること」（新レインボー小学国語辞典）と出ています。自覚とは簡単に言いますと、自分で考え行動することです。たとえば朝「おはようございます」と挨拶することも自覚がなければできません。自分で自分の脳に命令をくださない限り、「おはようございます」の挨拶がきちんとできることはありません。ですから、自覚を持たせることが大切です。日常の何気ないことも、自覚を持たせることで意味を持ってきます。学習では自覚ということは大変大事な概念になります。たとえば、体育で側転という演技があります。ただ何となく友達の演技を見よう見まねでまねていてもできるようにはなりません。講師の戸田先生は「体のどこをどのように動かせば良いのか言葉で言えないとだめです」と言われます。言葉でしっかりと言えなければ自覚したことにはなりません。

第73号

1月13日（火） 全校朝会で子どもたちに宿題を出しました。それは、自覚という言葉を国語辞典で調べておくということです。自覚とはコラム42で書きましたように、「自分で知り、自分で感じとることです」自覚した行動がとれるようになることが、自立につながるのです。

桑の木っ子ルームがありました。今年度今日で桑の木っ子ルーム38回目です。延べ人数も600名を超えています。これからも続けていきます。

1年生にやさしく教える2年生

1月15日（木） 1年生と2年生は、生活科の授業でおにぎりパーティーを行いました。昨日は1年1組と2年1組が、今日は1年2組と2年2組が行いました。2年生が1年生に教え、1年生が2年生に教わりながらの交流は教育活動として大きな効果があります。

児童生徒の学力向上を図るための調査（東京都）が4年生と5年生を対象に今日行われました。4年生も5年生も問題と真剣に取り組んでいました。

コラム43　さわやか元気隊の活動

友田小学校ではさわやか元気隊の活動を行っています。友田小学校の子どもたちが元気な挨拶ができることを願って、学期ごとに3年生以上のたてわり班の子どもたちが、朝7時55分より8時5分までの10分間、児童玄関に立ち「おはようございます」の挨拶を行っています。友田小学校ではしっかりと挨拶ができる子はたくさんいますし、その数も増えています。挨拶は、人と人を結ぶ心の架け橋です。子どものうちに挨拶の習慣をつければ一生の宝になります。大人になり社会に出たとき、挨拶がしっかりとできることは、社会人の第一歩です。私の両親は勉強のことは厳しく言いませんでしたが、挨拶には厳しかったです。小学校のときの担任の先生から、「隅内君はクラスで一番挨拶が良くできる」と褒められたことがあります。どうか、ご家庭でも応援してください。恥ずかしくてできなかった子どもも家と学校で毎日続けているうちに必ずできるようになります。

第74号

1月19日（月） 朝会では、先週子どもたちに出した宿題である自覚について、私も国語辞典を持って行き、国語辞典に書いてある意味を紹介しました。そして自分で自分を律することの大切さを話しました。今週より学習指導員として、佐藤栄太郎先生、鈴木京子先生にきていただくことになりました。佐藤先生には主に、子どもたちの学習支援をしていただき、鈴木先生は、図書室にいて子どもたちの読書指導をしていただきます。

1月20日（火） 19日より今年度3回目の読書週間が始まっている。本を読むということは楽しいものです。自分の興味のある本をどんどん読むことで、世界が広がります。現代は、本のほかに楽しいものがたくさんある時代ですが、本好きの子どもが増えることを願っています。私の子どもの頃（昭和30年代）のことを話します。自分のほしい本をなかなか買うことができず、学校の図書室を良く利用しました。本が好きでしたので、5・6年では図書委員になり、図書室の本を自由に読んでいました。

1月22日（木） 友田小教育ルネッサンス推進本部会を行いました。この推進本部会のメンバ

一年の健康を祈願
約400人でどんと焼き
青梅
友田小ＰＴＡ

小正月の恒例行事であるどんと焼きが10日～15日にかけて西多摩各地で行われた。青梅市立友田小学校（隅内利之校長）の校庭では11日、同校ＰＴＡ（橋本龍夫会長）が恒例の「新年親子の集い」を開催。児童や保護者をはじめ、地域住民ら約400人が参加して、どんと焼きや餅つき体験を行った。

伝統行事として30年近く受け継がれる同校のどんと焼きは、親子や地域との交流を目的に行われており、地元自治会などと共催するＰＴＡ主催の最大イベント。

校庭には、前日に役員らが半日かけて作った高さ約３㍍の大きなやぐらが２つ並び、児童や地域住民が持ち寄ったダルマや正月飾り、書初めなどが入れられた。

代表児童らが、火を灯した矢をやぐら目がけて放ち、勢い良く炎が上がった。最後には、残り火で繭玉を焼き、今年一年の健康を祈願した。

餅つき体験では、餅を雑煮やきなこ餅にして参加者に振る舞われ、参加者らはつきたての餅に舌鼓を打っていた。

橋本会長は「不景気な時代だからこそ、より地域が密着して、子どもたちには健康で伸び伸びと育ってほしい」と話していた。

◀火の点いた矢をやぐらへ向けて放つ児童ら

ーは校長、本部長（前ＰＴＡ会長のＳＴさん）以下副本部長（市川和彦副校長）、推進本部コーディネーター（ＭＩ教諭）、学習（須澤さん）・読書（ＫＡさん）・環境（村野さん）・安全（小泉さん）の各代表の８名です。本部会では、今年度の活動報告と次年度の計画について話し合いました。次年度さらに充実したものにしていきたいです。

＊西多摩新聞に友田小ＰＴＡ新年の親子の集い「どんと焼き」の記事が掲載されました。

コラム44　人生に必要な知恵はすべて幼稚園の砂場で学んだ

これはアメリカの哲学者で作家であるロバート・フルガムの著書の題名です。彼は、「何でもみんなで分け合うこと。ずるをしないこと。人をぶたないこと。使ったものは必ずもとのところに戻すこと。ちらかしたら自分でかたずけること。人のものに手を出さないこと。誰かを傷つけたら、ごめんなさい、ということ……」など、人間としての生きる基本を幼稚園の砂場で学んだと書いています。小さいときに学んだことは、一生忘れません。生きる上での基礎基本は一生涯の宝です。この本が日本で出版されたのは１９９０年の5月ですので、19年の月日が過ぎています。この本は私の愛読書の一つであり、時々読み返しています。内容を全部紹介できないのが残念です。

第75号

1月25日（日） 青少対主催の第二支会の親子綱引き大会がありました。友田小学校では、子どもたち2チーム（低学年チーム・高学年チーム）・大人のＰＴＡチームが参加しました。成績は大人のＰＴＡチームが優勝、子どもは低学年チームが3位でした。担当のＰＴＡの校外指導部さんご苦労さまでした。保護者や子どもたち大勢参加しました。

1月26日（月） 学習発表会に向けて、全校朝会の時間は全校合唱の練習をします。今日はしばらくぶりで歌いますので、入場の仕方や並び方の確認、声の出し方や退場の仕方を中心に行いました。朝は寒いですし、声が出にくいですがどうしてどうして意外に声が出ていてうれしく思います。1月27日（火）宮坂先生・戸田先生が来校されました。表現活動を高めるにはどうしてもステップが必要です。

そこで、今日は、主にステップの指導をしていただきました。ステップには様々なものがあります。学校では、これから学年に応じてステップを学ばせていきたいと思います。今日は、様々なステップの基本となりますスキップを徹底的に学びました。学習発表会の練習もあり、2年生と5年生が行いました。

3年生は、今週一週間、珠算の先生が来校し、珠算の勉強をしました。どの子も一生懸命そろばんの学習に取り組みました。

1月29日（木） 学校公開と道徳授業地区公開講座がありました。私の学校経営報告会も行いました。（報告会の内容につきましては、次号でお知らせいたします。）保護者の皆様にはお忙しい中ご来校くださりありがとうございます。

道徳授業地区公開講座終了後の話し合いでは、携帯電話の危険性について文科省が作成した保護者向けのＤＶＤを視聴していただき、その後ＤＶＤ作成に携わりました青梅市立第一中学校の主幹教諭である紙澤先生のお話を伺いました。携帯電話に対する子どもたちの現状そして対策について深く学べた有意義な会となりました。新聞紙上で小中学生の携帯電話の使い方についての記事が掲載されています。携帯電話は便利な道具ですが、その使い方を誤ると大変なことになりかねません。今後も機会あるごとに保護者の皆様にお話しし、子どもたちに携帯電話の正しい使い方について指導していきたいと考えています。尚、友田小学校では、携帯電話の学校への持ち込みは禁止となっております。

授業公開の様子（久末学級）

学校公開の授業では、6年生の総合的な学習の時間に国際理解の勉強をしました。ＪＩＣＡより青年海外協力隊員としてアフリカのマラウイ共和国という国に派遣されていた川口純先生（筑波大学）をお招きし、体験談を子どもたちに話していただきました。実際に体験したお話は説得力があります。アフリカというと私たちからは遠い国のように思いがちですが、お話をお聞きすることによって視野が広がります。私は、15年以上前の学級担任をしている頃より国際理解教育については研究をしてきました。ＪＩＣＡとのパイプもあり、川口先生を招聘することができました。次年度は、日本に研修に来ている外国の方を招聘できればと思います。

1月30日（金） 読書集会では、図書委員よりこの読書週間中に8冊以上本を読んだ子どもが各クラスごとに名前が紹介されました。読書週間に関わらず子どもたちにはどんどん本を読んでほしいです。

1月31日（土）・2月1日（日） 青梅市の小学校の造形作品展が河辺市民センターで行われました。各小学校ら出品された作品が展示されました。保護者の方も大勢作品展を鑑賞に来てくださりありがとうございます。

コラム45　YOU　CAN　DO　IT

日本では「がんばれ」と言って励ましますが、英語圏では、「あなたならできる」と言って励まします。「がんばれ！　がんばれ！」と言って励まされ日本人は奮い立ちます。英語圏で使われています、「YOU　CAN　DO　IT」もいい言葉だと私は思います。「YOU　CAN　DO　IT」と励まされた場合励まされた人は「YES　I　CAN」と答えます。「自分にはできる」と答えることで勇気が湧きます。困難な問題にぶつかったとき、「自分にはできる」と前向きに考えることが大切です。

第76号

2月2日（月） 学習発表会に向けて、全校朝会は全校合唱の練習です。合唱曲は「勝利の行進」です。前にも紹介したと思いますが、「勝利の行進」の曲は、ヴェルディ作曲の歌劇（オペラ）「アイーダ」の中で歌われている曲です。アイーダは、スエズ運河の開通を記念して、作られたもので舞台はエジプトです。１８７１年エジプトのカイロで初演されました。

合唱の基本は、呼吸です。息をたくさん吸って、体全体を楽器にすることができればいいのです。朝は寒いので中々声を出すのは大変ですが子どもたちは良く歌っています。

2月3日（火） 給食センターの栄養士さんが、子どもたちの給食の様子を視察に来ました。今日の給食には、青梅産の野菜が使われています。給食担当のＳＵ先生が、放送で説明しました。

2月4日（水） 青梅市の小学校の教育研究発表会が霞共益会館でありました。本校は前年度口頭発表していますので、残念ながら今年度は紙上発表です。友田小学校では、子どもたちに課題追求力を付けさせるため、課題追求型授業の研究を推し進めています。紙上発表した研究の内容は、国語科における課題追求型授業の追求でした。研究主任の久末教諭が研究についての質問に答えました。「課題追求型授業によって子どもはどう変わったのか」という質問に、1時間の授業について自分の学んだ過程を克明に書いた子どもの作文を紹介しました。

午後7時よりPTA役員会、午後7時30分より運営委員会がありました。私は、多摩ケーブルテレビで放映されました11月28日に行われた研究発表会の放送を紹介しました。

2月5日（木） 音楽集会は全校合唱の練習です。主に低音部の練習を行いました。インフルエンザは本校では流行っていませんでしたが、2年1組が今日から学級閉鎖になりました。

午後2時より、教育センターにおいて今年度の初任者研修閉講式が行われました。初任者の先生方は一年間の成果と課題についての2分間スピーチがあります。本校の細井教諭のスピーチは気持ちが入っていて素晴らしいものでした。

第77号

2月9日（月） 今日は、宮坂先生・大槻先生・戸田先生が来校されました。友田小学校では次年度も授業で表現活動に取り組んでいきたいと考えています。今年度の表現活動をさらにレベルアップするには、その基礎となるステップの学習がどうしても必要です。そこで、今日は2年生と5年生がステップの勉強をしました。勉強したステップは、スキップ、ホップ、ツーステップ、ポルカステップ、リープターン、ウオーキングです。今日学んだステップを次年度全校に広めていく予定です。

一生懸命掃除をする子どもたち

2月10日（火） 友田小の清掃は縦割り班清掃です。1年生から6年生までが縦割り班ごとにいっしょに清掃します。学力が向上すると掃除もしっかりできるのです。掃除は地味な活動ですがどうしてどうして大切な活動です。自分の周りをきれいにするということは、心をきれいにするということです。子どもたちには高学年の子どもがお手本となり掃除に一生懸命取り組んでほしいです。

2月12日（水） 1年1組と2年2組が学級閉鎖のため児童鑑賞日を一日延期しました。学校のシンボルツリーである桑の木の表示が30周年記念実行委員会委員長の林さんのお力で完成しました。桑の題字は、前校長の粟田先生が書かれました。これからも大事に桑を育てていきたいと思います

2月13日（金） 児童鑑賞日です。子どもたちが全校でオペレッタや体育の演技、劇を見合うのはとても良いことです。全部見ると結構長い時間なので集中が途切れてしまうかと思いましたがどうしてどうして、子どもたちは集中して見ています。子どもたち一人ひとりが自分で演技をしていますので、学ぶ意欲が違います。

2月14日（土） 学習発表会当日となりました。2月とは思えない温かい陽気になりました。全校合唱「勝利の行進」、1年生のオペレッタ「三枚のおふだ」、2年生のオペレッタ「手ぶくろを買いに」、3年生の劇「こぶとり山のその後」、4年生の劇「どろぼう学校」、5年生のオペレッタ「子どもの世界だ」体育「頭跳ね跳び」、6年生のオペレッタ「大工と鬼六」合奏「剣の舞」「キセキ」どの学年も学習発表会という晴れの舞台で最高の演技を見せてくれました。来校された方は全部で約500名となりました。大勢の皆様がご来校くださり心よりお礼申し上げます。

1月29日に行われました道徳授業地区公開講座の授業公開後、視聴覚室において、携帯電話についての講演会が行われましたが、その内容が西多摩新聞に掲載されましたので紹介します。

西多摩新聞

携帯電話を考える

「親子でルール作りを」
友田小で公開講座

青梅

青梅市立友田小学校（隅内利之校長、児童数308人）は1月29日、同市立第一中学校の紙澤雅一教諭(51)を講師に招き、保護者らを対象に「子どもの携帯電話を考える」講演会を開催した。

道徳授業地区公開講座の一環として行われたもの。紙澤教諭は、DVD「ちょっと待って、ケータイ」（文部科学省委託）の製作に携わるなど、子どもの携帯電話使用に潜む危険について詳しい。

紙澤さんによると現在では中学校卒業時になると8・9割の生徒が携帯電話を持っているという。子どもへの連絡や安全性確保のために持たせている親も多いが、一方、「学校裏サイト」と呼ばれるWEB上の匿名掲示板も3万8千件あるとされ、「ネットいじめ」も問題化している。サイトには携帯電話からも接続できる。

また、メールなどによる架空請求や、自分のプロフィールを公開する「プロフ」などによるトラブルも発生している。

当日はDVDを視聴した後、紙澤さんが講演し、「風呂場にも肌身離さず持っていくようになると依存の危険性があるが、逆に突然、携帯電話を遠ざけるようになると、何か後ろめたいことがあるか、被害にあっている可能性もある」と指摘。「禁止することも大事だが、購入時に親子でルールを作ることが大切だ」と話し、犯罪など問題が起きたらすぐに対応することの必要性を訴えた。

第78号

2月17日（火） 6年生の中学校訪問がありました。6年生の子どもたちは、担任のSI先生・駒形先生に引率されて、第二中学校を訪問しました。第二中学校では、第二小学校の子どもたちといっしょになりました。最初に第二中学校の上原校長先生のお話を伺い、第二中学校の生徒会の皆さんによる第二中学校の紹介（学校生活の様々なこと）があり、その後子どもたちはグループに分れて生徒会の担当者が各グループに一人ついて授業の様子を参観しました。翌日、第二中学校の上原校長先生からお電話があり、友田小学校・第二小学校の6年生の話の聞き方など態度が大変素晴らしかったとお褒めの言葉をいただきました。

2月18日（水） 青梅市内の小中学校で今インフルエンザが流行しています。今日から1年2組は2日間、3年2組は3日間、学級閉鎖に入りました。

午後7時30分より、友田町自治会館で友田町地区地域の安全を守る会が開かれました。この会は友田町の安全（防犯・防災・交通事故等）を未然に防止することを目的にした会です。友田町地域の安全の会は第二支会の地域の安全を守る会の一支部となっています。宇津木連合自治会長さんを会長に会は運営されています。

2月19日（木）午後7時より第3回の学校運営連絡協議会が開催されました。学校運営連絡協議会では、校長より友田小学校一年間の教育活動の成果と課題、そして次年度の学校経営方針について説明しました。また、学力向上推進モデル校の研究発表の様子が12月2日の多摩ケーブルテレビのニュースで放映されましたので、そのDVD（3分程度）を委員さんに視聴していただきました。（私が説明しました内容につきましては、学校だより16号をお読みください。）、次にSE主幹教諭から、学校が実施している教育関係者評価からの課題について説明しました。その後各委員さんからお話をいただきました。学習発表会や青梅市学力向上推進モデル校の研究発表が話題になり、お褒めの言葉をいただきました。

◎多摩子ども詩集の会のアトラクションに本校2年生と5年生がオペレッタで出演します！

多摩子ども詩集は、西多摩地区で昔から発行されている伝統ある子ども詩集です。入選した子どもたちと保護者が一同に集まり、3月7日（土）午後2時より秋川キララホールにおいて多摩子ども詩集の会が行われます。その会のアトラクションに本校の2年生と5年生がオペレッタで出演します。会場には入選した子どもや保護者だけでなくお出でいただければ入場できますので、大勢の皆様のご来場をお待ちしております。（今年度も友田小学校の子どもたちも多摩子ども詩集にたくさん応募し、各学年の入選者は11名います。佳作者も大勢います。）

第79号

2月23日（月）友田小学校では、挨拶の定着を図るためさわやか元気隊の活動を行っております。さわやか元気隊は、学期ごとに、縦割り班の3年生から6年生までが2日間ずつ交代で、朝7時55分から8時5分まで児童玄関にて挨拶を行う活動です。挨拶を習慣化するには、毎日励行することが大事です。挨拶は、礼儀の基礎基本ですので今後とも友田小学校では続けていきます。今回のさわやか元気隊の活動は、延べ日数24日間で、延べ人数３０２名の子どもたちがこの活動に参加しました。この活動は来年度も続けていきます。

今日の全校朝会では、掃除の話をしました。「掃除をするということは、汚れているところをきれいにすることだけでなく、自分の心をきれいにすることになる」ということを話しました。

2月24日（火）午前9時45分頃、友田保育園の年長組の子どもたちが来校しました。しっかりとした挨拶ができ素晴らしい子どもたちです。１年生の授業の様子や学校の様子を見学しました。4月からは小学生です。楽しみです。

午後2時15分より入学説明会がありました。来年度の入学者は現在のところ48名です。私は、挨拶の中、「子どもには無限の可能性があること、子どもを信頼すること、ゆとりを持って子どもを見ること」を話しました。

2月26日（木） 4年生は社会科見学に行きました。見学場所は、ガスの科学館、葛西臨海水族館です。引率は、市川副校長先生、SE先生と担任のHA先生、TA先生です。4年生は見学態度も良く、良い勉強ができました。

2月27日（金） 6年生を送る会がありました。本校では、卒業式に1年生から出席します。ですから、6年生を送る会は、儀式的な要素はありません。縦割り班ごとの対抗の、大なわ大会が行われました。どの縦割り班も、一つになって一生懸命がんばって、大変盛り上がった会になりました。良い勉強ができました。3月7日（土）秋川キララホールで午後2時より多摩子ども詩集の会があります。校長通信79号でも連絡しましたが、アトラクションに本校の2年生と5年生が出演します。2年生の出演時間は午後2時5分頃、5年生の出演時間は午後3時35分ごろです。

第80号

3月2日（月）全校朝会では、先週に引き続き掃除の話をしました。自分の身の周りをきれいにすることは、単にきれいにすることではなくて、自分の心をきれいにすることになると話しました。

5・6年生のマラソン大会がありました。5年生も6年生も、最後まで一生懸命に走る姿は感動的です。マラソン大会終了後、5・6年生の保護者会がありましたので、私は各クラスに行き、一年間の感謝と学習指導要領の改訂にともなう次年度の本校の教育について話しました。（1・2・3・4年生の保護者会でも同様の話をしました。）

3月3日（火）1・2年生のマラソン大会がありました。1年生も2年生も本当に力いっぱい走りました。マラソン大会の後に保護者会がありました。

子どもたちがヤマメを放流

3月4日（水） 1・2年生はヤマメの放流がありました。友田小学校は、多摩川まですぐです。1・2年生は自分が育てたヤマメのビンを持って多摩川へ行きました。そこには、青梅市の水と緑の事業団の皆さんがヤマメの稚魚（奥多摩で養殖されたもの500匹）を用意して待っていました。子どもたちは、自分で育てたヤマメを最初に放流し、次に用意していただいた稚魚を一人五匹ずつ多摩川へ放流しました。子どもたちは、「大きくなってね。ヤマメさん！」と思い思いに声をかけながら放流しました。

3月5日（木） 3・4年生のマラソン大会がありました。3・4年生もみんな元気に走りました。子どもの走っている姿は感動的です。マラソン大会終了後3・4年生の保護者会がありました。

3月6日（金） 3年生が消防署見学に行きました。生憎雨でしたが、消防署では、ていねいに消防の仕事について説明してくださり、実際に体験することもできました。子どもたちは、今まで消防の仕事が理解でき、良い勉強になりました。

3月7日（土） 午後2時より、多摩子ども詩集の会が、秋川キララホールでありました。学校側からは音楽の渡辺先生、5年生担任の久末先生・樋口先生、2年生担任のYA先生・須藤先生が参加しました。校長通信でもご紹介しましたとおり、アトラクションに本校の2年生と5年生が出演し、2年生はオペレッタ「手ぶくろを買いに」、5年生はオペレッタ「子どもの世界だ」を発表しました。2年生も5年生も、700名以上の観客の前で、素晴らしい演技を披露し会場

２年生「手ぶくろを買いに」

５年生「子どもの世界だ」

を感動の渦で埋めつくしました。多摩の子・多摩子ども詩集の編集委員長である奥多摩町立氷川小学校長の小野寺萬次先生から、「子どもたちが真剣に演技している姿が素晴らしい」とお褒めの言葉をいただきました。この詩集の会には、今年度の多摩子ども詩集に入選した４６０名余の入選者とその家族の方が集まりました。本校の子どもたちも多数入選しています。当日応援に来ていただきました保護者の皆様ありがとうございました。会場には、駒形先生、岡野先生、くわのき学級のＹＡ先生・ＦＡ先生が応援に来てくれました。

第81号

3月9日（月） 全校朝会で多摩子ども詩集の入選者と佳作者を全員紹介しました。本校では、多摩子ども詩集に多数応募し、入選者と佳作者で30名以上になりました。次に学校文集「くわのき」ができあがりましたので、朝会で紹介しました。この学校文集には、全員の子どもたちの文章が掲載されています。最近は、文集もなかなか発行されなくなっていますが、友田小では学校文集を発行しています。国語力の低下が良く言われますが、文章を書くことにより、子どもたちの文章力が磨かれます。

今年度最後の桑の木っ子ルームが行われました。一年間で40回以上行い、参加した児童は延べ人数８００名以上になります。桑の木っ子ルームは学力向上目的に行っています。来年度も実施する予定です。（さらにパワーアップして行います。）

3月10日（火） ボランティア感謝のための会食会が行われました。安全ボランティアの皆様・環境ボランティアの皆様（白菊会の皆様）をご招待し、日頃の活動に感謝する会食会です。21名の皆様が来校されました。３年生・４年生の各教室に来ていただき子どもたちといっしょに給食

成長を語り合い大変盛り上がった
卒業を祝う会

ていねいにご指導くださる白菊会の皆様

を食べていただきました。

5年生は総合的な学習の時間としてわら草履づくりを行っております。5・6時間目に3階のプレールームにおいて、白菊会の皆様のご指導でわら草履づくりを行いました。わら草履を作る体験は中々できるものではありません。懇切ていねいに教えていただけるので、子どもたちにとっては貴重な体験となりました。

3月11日（水） 卒業を祝う会がありました。この会は6年生の卒業対策委員の保護者の皆様が中心となり、企画運営し行うものです。体育館で、6年生の子どもたち・保護者・教職員がいっしょになり、卒業を祝いました。感動的な企画、楽しい企画がたくさんあり、笑いと涙の素晴らしい会になりました。お世話になった先生にも来ていただき、6年生が低学年だった頃のお話をしていただきました。心も体も大きく成長した6年生です。卒業まであと少しです。

卒業対策委員の皆様、保護者の皆様ありがとうございます。

午後7時30分より第二支会地域安全を守る会総会が長淵市民センターで開かれました。この会は第二支会長さんを会長に地域の安全を守ることを目的にしています。私も出席しました。

3月12日（木）わら草履づくりの2回目が行われました。5年生の子どもたちのわら草履が、白菊会の皆様のていねいなご指導でいよいよ完成です。ご指導ありがとうございました。

第82号

3月16日（月） 今年度最後の全校朝会です。私は、物事は最後のところが大事であるという話をしました。「剣道では残心といって、面や胴などを打ち込んだ後に気を抜かないことが大事だと言われてている」と話しました。その後、「心のいずみ」という青梅市で発行しております読書感想文集に掲載された子どもたちを紹介しました。最後は6年生に行進のお手本を見せてもらいました。「大きな石」という曲にあわせて、校庭を6年生が行進します。1年生から5年生までが集中して見ています。良いものから学ぶということはとても大事なことです。3時間目と4時間目に私は、6年生の1組と2組で授業をしました。今回授業をしましたのは、漢詩です。「偶成」という朱熹（12世紀の南宋の儒学者　朱子学の創始者）の作品です。

「偶成《ぐうせい》」　朱熹《しゅき》
少年《しょうねん》　老《お》い易《やす》く　学《がく》　成《な》り難《がた》し
一寸《いっすん》の　光陰《こういん》　軽《かろ》んず可《べ》からず
未《いま》だ覚《さ》めず　池塘《ちとう》　春草《しゅんそう》の夢《ゆめ》
階前《かいぜん》の　梧葉《ごよう》　已《すで》に秋声《しゅうせい》

最初に全員で読み、とにかく暗記します。子どもの頃は記憶力がいいので子どもたちは何回か読むうちにほとんど暗記してしまいます。だいたい暗記できたら、中身に入りました。

この詩のだいたいの意味は次のようです。

「まだ若いと思っているうちに年をとってしまう。学問を成就するのは難しい。少しの時間もおろそかにしてはいけない。池の堤に萌えはじめた春草のように夢はまだ覚めていないのに、階段の前の桐の葉にはもうすでに秋の気配が訪れている」私は子どもたちに、1時間1時間を大事にして、中学校へ行っても、勉強に励むように話して授業を終えました。

3月17日（火）卒業証書の受け渡し練習をしました。卒業証書は一人ひとりが壇上に上がり、校長である私から証書を受け取ります。一人ひとりが決意の言葉を言うこともあり、集中力がいります。

3月18日（水）卒業式で行う「旅立ち」（呼びかけと歌）の練習を1年生から6年生までで体育館で行いました。合唱は音楽の渡辺先生の指導でどんどん変わり良くなっていきます。

3月19日（木）私は第二中学校の卒業式に参列しました。今年の第二中学校の卒業生は全部で226名です。全員が落ち着いた態度で上原校長先生から卒業証書をいただいていました。在校生の合唱も良かったのですが、卒業生の合唱「旅立ちの日に」がさらに良かったです。女子の高音と男子の低音が迫力があり、卒業ということで気持ちが入っていました。

今年度の校長通信はこれが最終号です。今日が卒業式の予行練習で、明日は卒業式です。きっと素晴らしい卒業式になるでしょう。6年生はここでまたぐっと成長しました。卒業させるのが

１年～５年生までの合唱
声が良く出ています

指揮をする渡辺先生と歌う６年生

本当に惜しいです。友田小自慢の6年生です。中学校に行ってもきっと活躍してくれるでしょう。6年生の成長とともに1年生から5年生までの在校生も成長しました。6年生を引き継ぎ、友田小学校を発展させてくれることでしょう。私が友田小学校に赴任してから、毎週、校長通信「友田小教育ルネッサンス」を発行してきました。保護者、地域の皆様には、今年もお読みくださりありがとうございました。来年度も、発行していきますのでよろしくお願いいたします。

雑感（私のつぶやき「事実と創造」２０２２年10月号所収）

・友田小学校2年目が終わりました。今年度の最大の成果は、第一回全国公開教育研究会が実現したことです。かつての瑞穂三小の公開教育研究会には及びませんが、全国から２００名余りの参観者がありました。友田小に赴任した時、私は年齢が55歳であり退職まで6年間でした。その後、東京都は副校長（教頭から変更）不足で、再任用校長制度（65歳まで希望して空きがあれば延長できる制度）が始まりました。私は60歳の時延長を希望しましたが、空きがなく再任用にはなれませんでした。私は友田小の1年目から2年目に全国公開教育研究会を開催することを目指して、1年目は全員研究授業を行いました。2年目は年度当初の学校経営方針を示す時に、第一回全国公開教育研究会を11月に行うことを宣言しました。斎藤喜博先生が言うように、私立の学校でなく公立学校で公開教育研究会が開かれることこそ大事です。

・「みんなちがってみんないい」詩人金子みすゞの「私と小鳥と鈴と」の最後の一節である。クラスの人数を削減するのはいいのですが、極端な習熟度別授業や小学校での教科担任制、英語の学習等は学校教育の後退に他なりません。PISAの成績のみに一喜一憂し国語では報告文を扱うことが多くなり、物語文が削減されています。思考力・考える力を培うには、物語文を読み、変でおかしい、つじつまが合わない言葉（異化された言葉）を探し出し、問題を作り追求していく授業が必要です。学校内で能力別クラスなどに分けると学習での助け合いができませんし、子ども同士に学び合いができません。その結果、いじめにもつながります。学習で子どもたちが学び合い助け合うことで感性が磨かれ心が育つのです。

・最近、「学校の仕事が大変である。働きすぎである」と盛んに報道されています。それは私が思うに、教師に授業以外の仕事を増してしまったからにほかなりません。たとえば、国際理解教育をはじめ情報教育、キャリア教育等々〇〇教育と呼ばれるものがどんどん際限なく入ってきます。私が友田小学校で校長をしていた十数年前も授業以外の調査物や提出物が多くありました。おまけに行政のイベントは言うに及ばず様々なイベントやコンクールや参加募集の案内が引っ切り無しに学校にはきていました。私はそのようなもので教師の授業の準備にかける時間を減らさないように、調査物は私が対処しました。また、校内研究や公開教育研究会の準備や講師との連絡はすべて私が行いました。それでも私はＰＴＡの会合を除き午後7時以降に帰宅したことはありません。現在（令和４年）は副校長補佐として青梅市立新町小学校に勤務しています。（週4日5時間勤務）私が友田小学校に勤務しているときよりも、ＩＣＴが導入され、メールが洪水のように教育現場に押し寄せています。これを処理するだけでも相当に時間がかかります。また、ＩＣＴ機器が導入されたことにより授業がＩＣＴ機器に振り回されている姿が随所に見られます。これではＩＣＴが導入されたことにより授業の質が低下したことになります。

・校長は学校づくりをして、授業中心の学校を創らなければならないと思います。学校の仕事は、質の高い授業により子どもの無限の可能性を引き出し高めることです。この一点を忘れてはならなりません。

・コロナ禍は現在も続いています。（令和４年）もう少しで第7波は終息します。早く第５類に分類し、感染者数の公表をやめることです。これによって学校現場が振り回されることはさけなければなりません。

友田小三年目の実践

私の学校づくりの記も友田小学校三年目の実践を書くことになりました。何回も書くようですが、斎藤喜博先生が始められた教育理論と実践は学校づくりの中で実現できます。東京都西多摩郡瑞穂町立瑞穂第三小学校に初任者として赴任したことが、私の人生を変えました。出会いは奇跡と言いますが、田嶋定雄校長先生に出会いました。さらに、瑞穂三小の素晴らしい先生方と出会いました。瑞穂三小の七年間で多くのことを学びました。斎藤喜博先生から直接授業の指導を受けることはできませんでした。（武田常夫先生に授業を見ていただくことができました。）。教授学研究の会の先生方、特に都留文科大学の箱石泰和先生、近藤幹雄先生、岡山大学の宮坂義彦先生、宮城教育大学の横須賀薫先生、千葉経済短期大学の佐久間勝彦先生には直接ご指導いただきました。その後宮坂義彦先生とは長期間お亡くなりになられるまで、西多摩授業の会で学ぶとともに、私が教頭をしていたあきる野市立五日市小学校、西秋留小学校、校長となり青梅市立若草小学校、友田小学校に講師としてお出でいただきました。宮坂理論を集大成したものが追求方式の授業、課題追求型授業です。また、戸田淳子先生には、宮坂義彦先生と一緒に授業の指導に入られ、体育や表現活動の指導もしていただきました。大槻志津江先生には、表現活動（オペレッタ）の指導をしていただきました。

第83号

平成21年度の始まりは、83号からです。8は末広がりで縁起もいいです。今年度で私は赴任して3年目、友田小教育ルネッサンス推進プランも3年計画の3年目となりました。2年間で大きな成果があがっています。私の学校経営方針「子どもの無限の可能性を引き出し高める授業の創造」のもと、3年目の今年は、さらに大きな成果をめざして教職員一同、努力していきます。保護者の皆様の強力な応援をよろしくお願いいたします。

入学式で「三枚のおふだ」を演ずる２年生

4月6日（月） 平成21年度の始まりです。今年度は大勢の教職員が異動し、そして大勢の教職員が新しく本校に赴任しました。

始業式、子どもたちが待ちに待った担任発表です。発表するごとに子どもたちの歓声があがります。私は今年1年の目標を話しました。それは「集中する」ことです。集中には二つあります。一つは、話している人の目を見ることです。もう一つは、反応することです。

入学式は、お天気にも恵まれました。桜も満開です。私は入学式で、新入生一人ひとりと握手をしました。どの子もうれしそうでした。私もうれしかったです。私は一つだけ話しました。それは、「話している人の目を見る」ということです。入学をお祝いして5・6年生は校歌を歌いました。張りのある歌声が響きました。2年生がオペレッタ「三枚のおふだ」を演じました。本来なら広い場所で行うオペレッタですが、入学式に合わせて半分ぐらいのスペースでしたが、構成も工夫されていて、子どもたちはのびのびと表現できました。前担任のMW先生・TY先生のお力です。新入生の子どもたちは真剣に見ていました。

午後は、中学校の入学式があり私も出席しました。この間卒業したばかりの子どもたち、中学校の制服を着るとすっかり中学生です。どの子も緊張気味です。充実した中学校生活を送ってほしいです。私は、二小と友田小学校を代表して、お祝いの挨拶をしました。

4月7日（火）朝、児童玄関で子どもたちと朝の挨拶を交わすのが今年も私の日課です。「おはようございます」と子どもたちの元気な声が児童玄関に響きます。新学期、がんばるぞという気持ちがあふれています。

4月8日（水）朝、1年生の子どもから、「ぼく、校長先生が入学式でお話したこと守っているよ」と話しかけられました。「どんなこと」と私が尋ねますと、「ぼくね、きのうお風呂でお父さんの目を見てお父さんのお話を聞いたよ」と話してくれました。入学式に私が話したことを早速実行しているのです。私はうれしくなりました。

4月9日（木） チャレンジタイムがありました。今年度の友田小学校のチャレンジタイムは、学習前のウオーミングアップと考えて脳の活性化を促すような15分間にしようと取り組みます。内容は、名文暗唱や辞書引き、計算力の向上などです。短時間ですが集中して取り組む時間にします。

5・6年生の保護者会がありました。大勢の保護者の皆様が出席されました。私の話に、うなずかれる姿に保護者の皆様の学校に寄せる思いを感じることができました。

4月10日（金） 今日は対面式を行いました。1年生がみんなの仲間入りをする日です。2年から6年生までが並びました。大きな拍手の中、1年生が入場しました。対面式の間中、1年生はしっかりと落ち着いて立つことができました。6年生の代表のK君、KUさんの歓迎の言葉も素晴らしかったです。

校長室を１年生が訪問

対面式終了後、本校の安全ボランティアさんを紹介しました。安全ボランティアさんは、小泉さん（代表）・MTさん・YIさん・SKさん・ITさん・NSさん・IGさんの7人です。安全ボランティアさんには午後の下校時の安全を守っていただいております。どうぞ、保護者の皆様もお声をかけてください。（緑のチョッキが目印です。）

3・4年生の保護者会がありました。3・4年生の保護者会でも保護者の皆様の熱気を感じました。4月25日（土）は、学校公開、ＰＴＡ総会があります。2時間目は学校経営方針説明会があります。今年度の友田小学校の教育について校長より詳しい説明をいたします。学校経営方針をしっかりとご理解いただき、学校と保護者が手を取り合い、友田小の素晴らしい子どもたちをさらに素晴らしく成長させていきましょう。

第84号

4月13日（月）　第1回目のルネッサンスタイムです。このルネッサンスタイムでは、子どもたちの表現力を伸ばすために、行進・ステップ・合唱・オペレッタなどの練習に取り組みます。今日は行進の練習を行いました。行進は音楽に合わせてみんなで気持ち良く美しく歩くことを目標にしています。行進のポイントは、①目線②腰を伸ばす③音楽に合わせ④胸を開いての4点です。今日は私がこのポイントを示し、6年生にお手本として歩いてもらいました。6年生が素晴らしい歩き方をしました。6年生が歩いた後に、5年生から1年生までが歩きましたが、歩き方が変わってきました。良いものから学ぶということが大事です。

しっかり立って、
代表の６年生の話を聞く１年生

1年生が学校探検で担任の先生に連れられて校長室を訪問しました。とってもかわいくて礼儀正しい1年生です。写真では全員紹介できないのが残念です。

第１回代表委員会の様子

4月14日（火）　1・2年生の保護者会がありました。大勢の保護者の皆様が来校されました。私は、学校経営方針が「子どもの無限の可能性を引き出し高める授業の創造」であることを話しました。

4月15日（水）　青梅市内の教員全員で組織しています青梅市小学校教育研究会の第1回目の研究会がありました。本校の先生方も自分の希望の研究会に出席しました。

4月16日（木）　くわのき学級保護者会がありました。本校のくわのき学級は現在11名が在籍しております。くわのき学級の保護者会でも、私の学校経営方針を話しました。

午後7時よりPTA役員・運営委員全体会がありました。平成21年度の役員候補の皆様、運営委員の皆様ご苦労様です。今年一年よろしくお願いします。

4月17日（金）　第2回目のルネッサンスタイムは雨のため校庭がぬかっていたので、体育館で行いました。「おーい、雲よ」という言葉を使って、声を響かせる勉強をしました。声を遠くまで響かせるには、呼吸が大事です。息をいっぱいに吸い込んで、その息に声をのせるのです。全体で何回か練習した後1年生から6年生までで「おーい、雲よ」と声を響かせてもらいました。ここでも6年生にお手本になってもらいました。6年生の声の出し方が素晴らしいのです。

午後、異動された先生方や主事さんが来校され、体育館で離任式がありました。異動された方々は以下のとおりです。
ＳＴ先生、植木先生、高橋先生、ＳＬ先生、ＨＳ先生、ＡＴ先生、森田先生、山田先生、武井さん（市事務）、坂本さん（給食）
子どもたちは、異動された先生方や主事さんと別れを惜しみました。代表で作文を読んだ子どもたち、花束を渡した子どもたち、心がこもっていました。
＊学校経営方針（私がＡ４十数ページの経営方針を教職員の手を煩わせず２５０部印刷製本しました。印刷用紙も学校予算でなく自費で賄いました。）を各家庭にお配りしました。４月25日（土）の2時間目に詳しく説明いたしますので是非お読みください。

第85号

4月20日（月） 6年生の朝会での並び方が素晴らしくなってきました。それに伴い、5年生も4年生も良くなっています。集中するということ（①話している人の目を見る。②反応する。）が少しずつ身に付いています。児童会の役員の紹介がありました。児童会長には6年のKAさん、副会長には6年のAYさんと5年のIYさん、書記には6年のKHさん、TAさん、5年のMS君、NYさん、FMさんです。「友田小を楽しくより良い学校にしたい」と抱負を語ってくれました。

4月21日（火） 今日は全国学力調査が日本中の小学校と中学校で行われました。本校でも6年生が午前中、学力調査の問題に真剣に取り組みました。今年の問題は、記述式が増えています。22日の新聞の朝刊に問題が掲載されました。

4月22日（水） 今年度第1回目の校内研究会がありました。本校の校内研究会の特色は一流の講師の先生にご来校いただき、一日指導していただくことです。今日は講師の宮坂先生、戸田先生に2時間目より5時間目まで、1年生から6年生までの各クラスと専科の先生の授業を巡回指

佐藤教諭と「新しい友達」の
課題を追求する子どもたち

導していただきました。

教師全員が直接指導していただくことで、一人ひとりが授業の力量を磨くことができるのです。6時間目は5年2組の佐藤学級で国語「新しい友達」の提案授業が行われました。本校が追求している授業は課題追求型授業です。課題追求型授業とは、子どもが自ら課題を見つけ、その課題を追求する授業です。提案授業で、5年2組の子どもたちは、「新しい友達」の文章から、「変だ、おかしい、つじつまがあわない」ところを見つけだし、追求していきました。授業後の研究会で、提案授業での子どもの集中力、佐藤教諭の指導力などレベルの高さが宮坂先生、戸田先生から評価されました。

4月24日（金） ルネッサンスタイムでは、行進の練習を行いました。今日は5年生から学ぶということで、5年生がお手本を示してくれました。行進のポイントは①腰を伸ばす②目線③胸を高くです。子どもたちがこの3点を自覚して音楽に合わせて美しく歩くことができるよう練習していきます。自覚することは頭を使う仕事です。行進はただ歩くだけではないのです。

4月25日（土） 学校公開日です。1時間目と3時間目は授業公開です。2時間目は視聴覚室において、私が学校経営方針説明会を実施しました。今年度は70名以上の保護者の皆様が参加していただきました。学校がいくらがんばっても保護者の皆様の協力がなければ、子どもたちの学力は向上しません。その意味で保護者の皆様の意識の高まりをうれしく思います。

11時45分より体育館においてＰＴＡ総会が行われました。新しい会長には和田幸敏さんが選出されました。新会長のもと平成21年度のＰＴＡ活動が始まります。来年度、友田小学校のＰＴＡは、青梅市の小学校ＰＴＡ連合会の会長校になります。会長校は小学校16校（東小・中学校を除く）の輪番制です。16年に一度順番がきます。そこで、今年度と来年度の2年間の任期で小Ｐ連担当の役員5名を通常の本部役員以外に選出しました。通常の会長以外の本部役員、小Ｐ連担当の役員のお名前については、ＰＴＡ総会資料を参照ください。平成20年度会長の橋本さんを始め本部役員、推薦委員、運営委員の皆様、一年間本当にありがとうございました。

青梅佐藤財団よりの寄贈図書

公益財団法人青梅佐藤財団より図書が寄贈される

青梅佐藤財団より児童図書が寄贈されました。金額にして20万円、寄贈本の冊数は１５１冊です。図書室の一角に佐藤財団文庫のコーナーをつくりました。

＊青梅佐藤財団について紹介します。日本ケミコンの創業者佐藤敏雄さんが青梅で起業し大成功をおさめました。佐藤敏雄さんは、青梅にお世話になった感謝を込めて青梅佐藤財団を設立しました。青梅佐藤財団は、教育的事業に援助しております。青梅市国際理解講座など様々な事業や音楽会等のイベント等を援助しております。

今年度は、図書館支援員さんが本校に配置されました。吉田佳子さんです。吉田佳子さんは図書のエキスパートです。現在、友田小学校図書室を子どものために使いやすく大改造中です。連休明けには完成し、図書の貸し出しが始まります。

読み聞かせ・図書ボランティア大募集

すでに学校だよりでお知らせしたところですが、現在人数が大変不足しております。大勢の皆様の参加をお願いいたします。

読み聞かせボランティアは、月2回程度朝8時25分より40分まで各クラスで読み聞かせをする仕事です。

図書ボランティアは、火か水曜日の午前中（不定期）に図書室の本の整備をする仕事です。（図書の整理、ラベル貼り、修理、図書室ディスプレイ等）次回は5月12日（火）午前9時30分頃より活動します。ご希望の方は、学校（24-2117　市川副校長）までご連絡ください。見学も大歓迎です。

第86号

5月1日（金） 体育館でルネッサンスタイムを行いました。6年生が静かに並んでいます。私は6年生を褒め、「体育館には何のために来ているのか、しっかりと目的を持ち、イメージを持って並ぶようにしましょう」と話しました。ルネッサンスタイムでは、私が名文暗唱の授業をしました。北原白秋の「五十音」という詩を、あ行とか行だけ行いました。文章は「あめんぼあかいなあいうえお、うきもにこえびもおよいでる　かきのきくりのきかきくけこ、きつつきこつこつかれけやき」です。1年生から6年生までが同じ文章で行うので、ひらがなで拡大した文字を模造紙に印刷して全体から見えるようにし、一文ずつ繰り返すのです。単に何回も同じように行うのでなく、早く音読したりゆっくり音読したり、できるだけ大きく声を出したり、内緒話で音読したり、一文ごとに学年で音読したりしました。10分ほど音読すると、たくさんの子どもたちが暗記で

ルネッサンスタイム終了後音楽に合わせて退場するしっかりと子どもたち

きるようになりました。子どもは頭が柔らかく記憶力は抜群です。各クラスでチャレンジタイムの時間に名文暗唱に取り組んでいます。

1年生と2年生が生活科で学校探検を行いました。2年生が1年生を案内して、学校のいろいろな施設を探検しました。2年生がしっかりと説明している姿が随所で見られました。

5月7日（木） 2日から6日まで5日間連休が続きましたが、今日のルネッサンスタイムのために体育館で並んでいる子どもたちの姿は立派です。特に今日は5年生がいいです。子どもたちは気持ちをしっかり切り替えています。

ルネッサンスタイムでは、私が名文暗唱の授業パート2で、夏目漱石の「我が輩は猫である」の有名な最初の部分「我が輩は猫である。名前はまだない。……」を教えました。最初の部分の暗唱を行いました。体育館に来たときの集中した態度や並び方は大切な勉強の一つです。体育館で各学年が整列するための一人ひとりの並ぶ場所は決まっています。体育館には何となく来るのでなく、来たら自分の場所に自分で判断し並ぶのです。体育館に来てわいわい騒いでいるのでなく、体育館に入った瞬間から学習は始まっているのです。教師による号令などかけられなくても、自分でしっかり並ぶ子どもを友田小学校は育てています。体育館でしっかりと並べる子どもは教室の勉強もしっかりとできるのです。

5月8日（金） 5年生の遠足です。引率は私と5年担任の佐藤先生・駒形先生と音楽の渡辺先生です。生憎天気が悪く雨です。出発のときは大降りとなりました。どうなることかと心配しましたが、都民の森に着くと小降りになりました。計画を変更して午前中に木工作に取り組みました。11時頃になると雨も止み、丸太切り体験もできそうです。木工作が早く終わった子は丸太切り体験に挑戦しました。丸太切りはのこぎりで杉や檜の丸太を切るのですが、これが中々の重労働です。丸太はなかなか切れません。子どもたちは悪戦苦闘です。挫けそうになりながらも、丸太切りに成功する子が何人もいました。お昼は都民の森の中庭で食べることができました。みんなで楽しくおいしいお昼が食べられました。「来たときよりもきれいにしよう」の担任の一言で、子どもたち全員は、ゴミ拾いをしました。ゴミ拾いが終わり、三頭大滝までのハイキングです。つり橋からの滝がきれいでした。雨に濡れて新緑が光っていました。

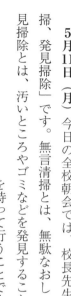

第87号

5月11日（月）今日の全校朝会では、校長先生の目標その2を話しました。それは「無言清掃、発見掃除」です。無言清掃とは、無駄なおしゃべりをせず集中して掃除をすることです。発見掃除とは、汚いところやゴミなどを発見することです。掃除をただ何となくするのでなく自覚を持って行うことです。校長室前の廊下は3年生が掃除なのですが、「無言清掃、発見掃除」を子どもたちが実践していました。ていねいに間に挟まったゴミを取り、しっかりと雑巾を絞っている姿がありました。

校長室前の廊下をていねいに掃除する３年生

第2回の校内研究があり、年間講師の宮坂義彦先生、戸田淳子先生が2時間目より来校され、1年生から各クラスの授業を見ていただきご指導いただきました。6時間目に5年1組の駒形学級で提案授業がありました。提案授業とは、本校が研究に取り組んでいます課題追求型授業を、教師全員で研究する授業です。課題追求型授業

戸田先生の指導を受ける5・6年生

5年1組駒形学級の提案授業で
真剣に学ぶ子どもたち

によって、子どもは自ら問題をつくり、クラス全員でその問題を考えいくのです。基礎基本の授業の上にこの授業を行うことによって、子どもは思考力、考える力を身に付けます。さらに、自分の考えを全員が持ちそれを表現し聴き合うことにより、自己表現力、コミュニケーション能力を身に付けます。

5月13日（水） 第3回校内研究会がありました。宮坂先生、戸田先生が来校されました。5・6年生は体育館で音楽の合同練習を行いました。戸田先生に、合唱の指導をしていただきました。最初に、戸田先生が教諭時代に指導された合唱のビデオをみました。その後具体的な指導をしていただきました。合唱で一番重要なのは呼吸なのです。息が吸えないと、声量のある声は出ません。戸田先生の精力的な指導でどんどん子どもたちの声が出てきました。紙面ですので、子どもたちの声をお聴かせできないのが残念です。今日はこの他に授業の指導、表現に使うステップの指導をしていただきました。6時間目は、6年1組の久末学級で提案授業を行い、講師の宮坂先生の指導の下、課題追求型授業の研究を行いました。研究会の最後に宮坂先生や戸田先生より、「4月に

合唱を集中して聴く子どもたち

縦割り班遊びで仲良く遊ぶ子どもたち

来校したときより、どの学年も子どもたちが大きく成長している」とお褒めの言葉をいただきました。

5月14日（木） 縦割り班遊びがありました。今年度より、異年齢集団の交流の場として始めました。年間10回ほどあります。6年生をリーダーとして、1年生から6年生までが、自分たちで考えた遊びを行います。どの班も楽しく遊んでいました。

5月15日（金） 読み聞かせボランティアさんによる読み聞かせがありました。子どもたちは、この時間を楽しみにしております。私は、1年生から6年生まで巡回してみましたが、どのクラスも子どもたちが真剣に話を聞いていました。

音楽鑑賞教室がありました。オペラで有名な二期会の皆さんで構成されている「サーテーワン」というグループの皆さんが来校されました。「千の風にのって」や「もののけ姫のテーマ曲」など、素晴らしい声を聴かせてくれました。本校ではオペレッタや合唱に全校あげて取り組んでおりますので、子どもたちの関心は高く、みんな真剣に聴いていました。いい勉強の機会になりました。

第88号

5月19日（火） 今日は良いお天気です。１・２年生は花木園に遠足に行きました。引率は、市川副校長先生、１・２年の担任の先生、養護の鈴木先生です。私は行きませんでしたが、出発の時に見送りました。１、２年生がしっかりと並んで話を聞いている様子を見て、成長したなと感じました。

避難場所にしっかりと並ぶ子どもたち

5月20日（水） 今年度2回目の避難訓練がありました。1回目は、校庭までは避難せず、廊下までの避難で後は各教室で基本を指導しました。今日の避難訓練は実際に火災を想定し、校庭に避難しました。おしゃべりをせず、整然と避難して来る子どもたちです。避難場所に来てもしっかりと並べています。

小中合同研修会が第二中学校で開かれました。5時間目は二中の授業を参観し、その後三つの分科会に分かれて話し合いました。二中の授業を参観して感じたことは、子どもたちが落ちついて授業を

6年生が1年生をおんぶして入場です

受けていたことでした。青梅市では平成22年度より小中一貫教育が始まります。今年度はその準備段階です。小中学校が授業を参観し、話し合いを積み重ねる中で小中一貫の方向性が明確になってきます。

5月21日（木） 1年生を迎える会がありました。この日のために児童会の子どもたちは、いろいろ準備しました。1年生が、6年生におんぶされて入場です。そのあと、班ごとに分かれて校庭でオリエンテーリングを行いました。どの班も6年生が1年生の手を引いて、みんなで仲良く進んで行きます。1年生が楽しそうです。

5月22日（金） 今日のルネッサンスタイムでは、名文暗唱の復習を少し行い、歩き方の上手な6年生やツーステップの上手な5年生に前に出てもらい見本を見せてもらいました。これから、私が名文暗唱検定やステップ検定をすることを子どもたちに話しました。その後、挨拶がしっかりできる4年生のK君に出てもらい、「おはようございます」の挨拶のお手本を見せてもらいました。6月2日より1学期のさわやか元気隊の挨拶運動が始まります。

コラム46　図書室が生まれ変わる

読書する習慣は子ども時代に是非とも身に付けたい習慣です。私は田舎に住んでおりましたので、小学校に入学する前は幼稚園や保育園に通っていませんでした。父が国鉄に勤めていましたので駅の側に住んでおりました。汽車や電車が大好きで鉄道の乗り物の絵本（ひらがなの説明がありました。）を買ってもらい何回も何回も読んでひらがなを覚えました。本を読む習慣はこのとき身に付いたのでしょう。

今年度は、図書支援員として吉田佳子さんに4月より毎週火曜日と水曜日に来ていただいております。吉田佳子さんに来ていただき、現在図書室を大改造中です。子どもの使いやすい図書室に着々と整備中です。1学期中には、素晴らしい図書室に生まれ変わることでしょう。吉田佳子さんには、保護者の皆様を対象に、読書のお話をしてもらおうと考えております。

第89号

5月24日（日） 今日から6年生の移動教室です。引率者は、私のほかに担任の久末先生、樋口先生、5年1組担任の駒形先生、くわのき学級担任のY先生、看護師さん、添乗員さんです。カメラマンさんも同行しました。生憎朝から雨が降っています。出発式は体育館で行いました。心配された雨も、足尾銅山に着く頃には止みました。足尾銅山では、実際に坑内を見学し、学習を深めました。午後は日光彫りの体験学習です。担当の方から日光彫りの説明を受け、自分が選んだ図柄を彫刻刀で彫ります。みんな真剣そのものです。全員が時間内に終わりました。担当の方から話の聞き方、集中力についてお褒めの言葉をいただきました。夕方宿舎の「湯の湖荘」に到着です。宿の女将さんのお話もしっかり聞けました。楽しい宿舎での生活の始まりです。夕食には、頭から尻尾まで全部食べられる虹鱒のから揚げが出ました。全員が普段よりたくさん食べていました。

5月25日（月） 朝から快晴です。赤沼よりハイブリッドバスに乗って小田代が原に行きました。そこには湯の湖荘のご主人が待っていてくれました。ご主人の案内で日光の自然について実際に

みんなでおいしい夕食の時間

華厳の滝の素晴らしさ

歩きながら所々でとまり説明をしていただき大変勉強になりました。近年奥日光では、鹿の食害がひどいそうです。

5月26日（火） 最終日、今日も天気は快晴です。閉校式では、「湯の湖荘」の女将さんから、宿での生活が素晴らしかったとお褒めの言葉をいただきました。うれしいことです。華厳の滝や東照宮を見学しました。東照宮では班行動です。どの班も眠り猫や鳴き竜など自分たちで見学場所を計画的にまわることができました。帰校の予定より少し早く学校に帰ることができました。子どもたちは、この3日間の生活で、自分で考え自覚を持って行動することができました。いろいろな場所で、お褒めの言葉をいただきました。本当に素晴らしい6年生です。

5月28日（木） 青少年対策委員会が長淵市民センターで午後7時30分よりありました。この委員会は二中学区（二小と友田小）と二中の青少年の健全育成のために活動している委員会です。

5月29日（金） 小P連の理事会が青梅市福祉センターで午後7時よりありました。来年度、友田小学校は小P連の会長校です。和田PTA会長が、今年度の小P連の副会長に選ばれました。来年度のために様子を視察するということでお忙しい中、本校の小Ｐ連担当役員のＭさん、Ｋさんが出席してくださいました。

第90号

6月1日（月） 3・4年生の遠足がありました。引率は私と3年生担任のS先生、M先生、4年生担任の門脇先生、N先生、算数TTのY先生です。天気もまずまずです。行き先は、御岳山です。長尾平からロックガーデンに行くコースです。ロックガーデンに着く頃に雨が降ってきました。ちょうどお昼を食べ終わった頃です。休み時間もそこそこにカッパを着て帰路に着きました。ケーブルの山頂駅に着く頃には、雨も小降りになりました。予定より1時間ほど早く切り上げました。3・4年生がいっしょに班編制をして行動しました。4年生が中心となり自分たちで仲良く、素早く行動ができたことは収穫です。

6月2日（火） 全校朝会では、6年生の移動教室での自覚を持った行動が光ったこと、湯の湖荘の女将さんに褒められたり、行く先々で賞賛されたことを話し、みんなで6年生に拍手をしました。さらに、3・4年生が遠足でまとまりのある行動ができたことを話しました。また、いじめをなくすためいじめゼロ標語の募集のこと、さわやか元気隊の挨拶運動が始まることを話しました。

6月1日から本校で勤務している市事務のMさんと、教育実習をしている実習生のYさんを紹介しました。

6月3日（水） 5時間目はプール清掃です。6年生が一生懸命プールをきれいにしてくれました。プールの水槽を教育委員会で塗り替えていただききれいになりました。カラーでないのが残念です。午後7時よりPTAの役員会、午後7時30分より運営委員会が開催されました。

6月4日（木） 6年生が日生劇場に観劇に行きました。せっかく都心に行きますので、科学技術館でも勉強しました。引率は私と6年担任の久末先生、樋口先生、音楽の渡辺先生です。観劇の方は、劇団四季による「エルコスの祈り」という劇です。最前列から4列目までという素晴らしく良い座席で、演技している人の表情がしっかり見え、熱気も伝わってきます。6年生は行きのバスの中で観劇のめあてを一人ひとりがしっかりと話し、帰りのバスの中では、学んだことやこれから自分の表現に生かすことを話しました。やはり課題を持ち観劇したので他校の子どもたちに比べて、観劇の態度も集中していて素晴らしかったです。

一生懸命プール清掃する6年生

6月5日（金） 今週から、さわやか元気隊の挨拶運動が始まりました。今年も子どもたちは意欲的に挨拶に取り組んでいます。

今日の縦割り班遊びは雨のため教室で行いました。6年生が中心となり活動しています。

コラム47　友田小33回目の開校記念日

6月4日は、友田小学校ができて33回目の開校記念日です。

今年度から開校記念日は、休みではなくなりました。友田小学校は、昭和52年に開校しました。私が教員になりましたのは、昭和53年ですから、私が教員になる1年前に開校したことになります。私が赴任しました平成19年に、創立30周年記念式典を行いました。友田小学校はまだまだ若い学校です。保護者や地域の皆様に支えられて、「子どもの無限の可能性を引き出し高める授業の創造」の学校経営方針のもと、これからも発展していきます。どうぞよろしくお願いします。

＊私の赴任三年目は順調なスタートを切りました。西多摩授業の会で共に学んでいる佐藤栄太郎先生が友田小学校の職員として加入したのが大きな力になりました。

第91号

6月8日（月） 全校朝会では、「校長先生の目標その3」の話をしました。それは、「学んだことは記録する」です。私たちは、毎日たくさんのことを学んでいます。その中で大事なことを記録しておかないと忘れてしまいます。しっかりと記録することで、学んだことが身に付いてくるのです。

難しいS字コースに挑戦

6月9日（火） 3年生は青梅交通公園へ自転車の安全講習会に行きました。警察の方より自転車の乗り方の話を聞き、外で練習をしました。交通公園は、実際の道路があり、様々な場面の練習ができました。交通公園の建物の中の部屋では、警察の方より、交通ルールのお勉強をし、交通安全についてのテストをしました。全員が無事合格し、自転車の免許証をいただきました。

6月10日（水） 1・2年生は3・4時間目（1年生は来年度に備えて、見学です。2年生が田植えをします。）、5年生は1・2時間目に田植えをしました。本校では、長年地域の下田さんのご好意により田んぼをお借りし、下田さんのご指導のもと田植えの体験学習を行っております。こうして実際に、どろんこになり田植えの体験ができること、ありがたいことです。

田植えを実際に体験する５年生

「夕焼けランド友田小」放課後子ども教室がはじまりました。開催時間は午後2時より5時までです。子どもたちのお世話をしてくださる方を紹介します。

コーディネーター　ＮＫさん、学習指導員　ＦＴさん　ＩＴさん、安全管理員　ＭＭさん　ＡＭさん、ボランティア　ＨＷさんです。

これからよろしくお願いしたいと思います。

今日はオープン教室の1回目です。全部で99名の参加があり、体育館で遊ぶ子、図書室で勉強する子、校庭で遊ぶ子と子どもたちは思い思いに楽しい時間を過ごしました。

6月11日（木） 学校運営連絡協議会が午後7時より行われました。本校の今年度の委員さんは次の方々です。一年間よろしくお願いします。

民生・児童委員　ＳＡさん　友田町連合自治会長　ＦＫさん　青少年委員　ＳＨさん

下長渕第一自治会代表　ＭＫさん　友田保育園園長　ＭＹさん　東京恵明学園　ＴＭさん

元友田小ＰＴＡ会長　ＳＴさん

渡辺先生の指導を受け
練習する子どもたち

6月12日（金） 来週の金曜日、6月19日に青梅市の小学校の音楽会があります。友田小学校は午後の部に出場します。今、音楽の渡辺先生のご指導で、5・6年生が練習に励んでおります。今年取り組んでおります曲は、「手紙」と「ブラックパンサー」です。

午後6時30分より小学校ＰＴＡ連合会総会が、青梅市教育センターで開催されました。今年の当番校は、霞台小学校です。友田小学校は来年度当番校になります。本校の和田会長が小Ｐ連の副会長に選出されました。本年度小Ｐ連担当の本校の役員さん及び副会長の奈良橋さんが出席されました。

コラム48 良い生活習慣を身に付けよう

作家というと、思いついたときに物語を書き進めるというイメージがあります。しかし、物語を創造するためには、毎日規則正しく書くという生活習慣が必要なようです。有名な作家である太宰治は、毎日午前中を物語を書く時間に充てていました。太宰治の数々の作品は、毎日のたゆまぬ仕事の結果として生まれたのです。

「早寝、早起き、朝ご飯」と言われますように、良い生活習慣は、健康な体をつくる意味でも、学力向上を図る意味でも身に付けることは大切なことです。毎日決まった時間学習する習慣が定着すれば、大きな効果が生まれます。一日30分学習したとして、1週間では3時間30分、1ヶ月では15時間、1年では180時間になります。学習時間以上に良い学習習慣を身に付けたことが大きな力になるのです。

第92号

6月15日（月） プール開きがありました。私は、目標を持ち自分の目標に向かって努力するように話しました。児童代表の言葉では、TAさんが具体的な目標をあげてがんばることを発表しました。今年のプールも子どもたちが自分の目標に向かって努力し、安全で元気に過ごすことができればと願っています。全校朝会での並び方や話の聴き方、退場の行進が素晴らしくなってきました。

児童代表の6年生の話をしっかり聞く子どもたち

6月17日（水） 第二回目の放課後子ども教室がありました。本校の教職員は東京恵明学園に行き懇談会を行いました。午後7時30分よりPTAの三校連絡会（友田小・二小・二中）が行われました。

6月18日（木） 今日の集会は、5・6年生が19日に青梅市小学校音楽会で発表する曲を1年生から4年生の前で発表しました。6月19大勢の保護者の皆様も合唱を聴きに集まってくれました。

環境ボランティアの皆様

「手紙」と「ブラックパンサー」の
合唱を真剣に歌う５・６年生

日（金）今日のルネッサンスタイムでは、国語辞典の使い方や名文暗唱検定やステップ検定について話しました。国語辞典は、友田小学校では1年生（ひらがなの学習が終わり次第使い始めます。）から6年生まですべての学年で一人ひとりのマイ辞書があります。自分から辞書を引く習慣をつけることは、自分で学ぶ力を育てます。

名文暗唱検定は学力向上のため、ステップ検定は表現力を高めるために行います。

梅雨の晴れ間の蒸し暑い中、午前中いっぱい環境ボランティアの皆さんが、大勢来校され学校の敷地内の除草や樹木の剪定をしてくださいました。おかげできれいになりました。

青梅市小学校の音楽会が福生市民会館でありました。５・６年生が出場します。友田小学校の合唱は声量、表情とも素晴らしかったです。他校の校長先生方から「友田小学校の合唱は本格的で素晴らしいですね」とお褒めの言葉をいただきました。音楽の渡辺先生をはじめ担任の先生方、応援してくださった教職員、保護者の皆様すべての力が結集して素晴らしい合唱が生まれたのです。

一生懸命に合唱を聴く子どもたちと保護者の皆様

会場いっぱいに歌声を響かせた

コラム49　桑の木っ子ルーム始まる！

桑の木っ子ルームは、自学自習の学習教室です。本校では学力向上の様々な試みを行っています。青梅市の事業である「子どもいきいき学校づくり事業」の一環として運営されています。今年度も認めていただきました。自学自習教室ですが、学習支援員が1回に2名から3名配置されています。わからないことはどんどん聞けば、ていねいに教えてくれます。今年は、月曜日と木曜日の午後2時30分から午後4時30分までです。（低学年の児童は、2時30分～3時30分、高学年の児童は3時30分～4時30分を目安にするといいでしょう。全部の時間いる必要はありません。）6月22日（月）が第1回目になります。2回目が6月25日（木）、3回目が29日（月）になります。随時受け付けていますので、いつからでも申し込みはできます。（桑の木っ子ルームの名前の由来　桑の木は友田小学校のシンボルツリーです。友田地区は昔から養蚕や織物の盛んな地域でした。）

第93号

6月22日（月） 青梅市内の中学校で中学生が自ら命を絶つ事件がありました。私は全校朝会では、命の大切さについて話しました。友田小学校では、6月29日から7月3日の間に、各学年で道徳の時間に、命の大切さの授業を行うと共に、各担任が子どもたち一人ひとりと悩みなどの相談をすることとしました。

今日から桑の木っ子ルームが始まります。指導者は、ＭＩ先生・ＳＵ先生・ＳＺ先生・ＫＩ先生です。

6月23日（火）・24日（水） 宮坂先生・戸田先生が来校し、オペレッタやとび箱の指導を受けました。11月に向けて少しずつ練習です。各学年で取り組んでいるオペレッタを紹介します。1年生が「三枚のおふだ」、2年生が「かさじぞう」、3年生が「大工と鬼六」、4年生が「手ぶくろを買いに」、5年生が「あほろくの川だいこ」、6年生はオペレッタでなく表現「利根川」です。オペレッタや表現

桑の木っ子ルームで学習する子どもたち

演技指導を受けている１年生

「手ぶくろを買いに」演技指導４年生

は、全員が主役の表現活動です。表現活動は、表現知という言葉があるように、自己表現力、コミュニケーション能力を培い、知性を高めます。たとえば、オペレッタ「手ぶくろを買いに」を例にして説明しましょう。

たとえば「子ギツネが手ぶくろを町まで買いに行く場面」では、子ギツネは人間の怖さを知りませんが、母ギツネは人間の怖さを知っています。ですからこの場面では、手ぶくろを買いに行く期待に胸をふくらませている子ギツネが心配でたまらない母ギツネの対比が重要です。それを理解し演技することが必要なのです。このように、一つの演技をする場合、その心情まで掘り下げていくわけです。表現活動はきわめて知的な活動なのです。

体育では、跳び箱運動に取り組みます。今回は、5年生の「頭支持台上前転」と6年生の「台上前転」を見てもらいました。どちらも難しい技ですが、一つひとつ段階を踏んで練習を積み重ねることでできるようになります。今回は見てもらいませんでしたが、跳び箱運動は、1年生が「開脚腕立てとびあがりおり」、2年生が「閉脚腕立てとびあがりおり」、3年生が「開脚跳び」、4年生が「台上

研究授業をする実習生 YM さん

宮坂先生よりお褒めの言葉をいただく６年生

前回り」に取り組んでいます。跳び箱運動に取り組むことにより、瞬発力や調整力などを養うことができます。また、できない技を練習してできるようになる経験は自信となり、他教科の学習にも波及していきます。

６月25日（木） 友田集会縦割り班遊びが行われました。縦割り班遊びは、今年度より年間10回以上行う予定です。１年生から６年生までは縦割り班の班長を中心として、異年齢集団の交流の場として行います。

６月１日より本校で教育実習を行っておりました白梅学園大学４年生のＹＭさんの研究授業がありました。ＹＭさんは、２年２組で高野先生の指導のもと、毎日朝早くから、夜遅くまで一生懸命実習に取り組みました。今日は、大学よりＫＴ教授も来校しご指導いただきました。

児童会の役員が、樋口先生・渡辺先生・菅生先生といっしょに青梅市の社会福祉協議会を訪問しました。担当の方に、古切手や使用済みのプリペードカードを寄付して来ました。

６月26日（金） 私と本校ＰＴＡ会長の和田さん（今年度小Ｐ連副

閉会の挨拶をする和田小Ｐ連副会長
（友田小会長）

会長）、小Ｐ連担当役員のＭＴさん、ＭＯ」さんは、小Ｐ連の管外研修に参加しました。今年度の小Ｐ連の担当校は霞台小です。来年度は友田小が担当校です。研修先は、埼玉県加須市立加須南小学校に行きました。加須南小には、学校応援団という組織があり活動していました。

友田小教育ルネッサンス推進本部の活動と同じような活動をしていました。来年度に向けて良い勉強ができました。

第94号

6月29日（月） 1校時より宮坂先生、戸田先生が来校されました。1年生から4年生までの国語の授業（1年1組・2組「おむすびころりん」2年2組「スイミー」3年1組・2組「三年とうげ」4年2組「一つの花」）を見て直接指導をいただきました。直接指導は、課題追求型授業のポイントが具体的にわかり、教師も子どもも大変勉強になります

次に今年度、全学年で取り組んでおります体育のとび箱運動の指導（今回は2・3・4年生）を受けました。2年生が「腕立て閉脚とび上がりおり」3年生が「開脚とび」4年生が「台上前回り」に取り組んでいます。2年生の「腕立て閉脚とび上がりおり」は「閉脚とびこし」を行う前の技です。とび箱を両手でしっかりとつかみ、おしりを高く上げ、たまごを割らないように静かに台上ですわります。その後台上で立ち上がり大きく前方に飛び、膝を使って柔らかく着地します。3年生の「開脚とび」は良く知られているとび箱の技です。柔らかくリズミカルに助走し、しっかり手で台上をつかみ、とびこし、柔らかく着地します。4年生の「台上前回り」は、台上で前回りする技です。台上で前回りするには、その基礎としてマットで前回りができることが必

要です。この技はかなり高度な技です。とび箱運動は、瞬発力や調整力を養うと共に、演技のときは一人ひとりになりますので、個を強くすることができます。さらに技ができることにより努力すればできることを身を持って学ぶことができますし、子ども同士が教え合うことができ、教え合う力を付けることができます。宮坂先生・戸田先生のご指導でどんどん変わる子どもたち、とび箱の技に対する原則をたくさん学びました。授業後の研究会では、宮坂先生・戸田先生より、課題追求型授業の方法について教科書の国語教材で具体的にご指導いただくと共に、とび箱運動の指導の原則について学びました。このように友田小学校は教師が授業力を少しでも高めようと日々学び続けているのです。教師の学ぶ姿勢は、子どもにも良い影響を与え子どもも自ら学ぼうとする姿勢が身に付いてきました。どの学級も集中力が高まっています。

宮坂先生より閉脚腕立てとび上がりおりの指導を受ける２年生

6月30日（火） 今日の全校朝会では、校長先生の目標その④「きれいな音で学校中を満たそう」を話しました。今の時代は音があふれています。きれいな音もありますが、きれいでない音もあります。少しの心配りができないばかりにいやな思いをすることがあります。たとえば、教室の椅子ですが、そのまま引き摺ると、「ガーガー、ギーギー」となってしまいます。これをみんながやりますとすごい騒音になります。しかし、そっと持って動かせば音はしません。ほんの少しの心配りが大きな効果を生むのです。

3年生の社会科見学がありました。引率は、私と3年担任のSK先生、MO先生、通級のYA先生です。最初に藤橋の給食センターを訪問しました。所長の朱通さんや担当の一岡さんが出迎えてくださいました。給食センターの仕事について、一岡さんが説明してくださいました。一岡さんの説明の一つひとつに、反応する素晴らしい子どもたちです。給食の仕事が良く分かりました。次に成木小学校を訪問しました。成木小学校では、榎戸校長先生、関根副校長先生が出迎えてくださいました。そして、体育館で成木小学校の13名の3年生が成木小学校のことについて説明してくれました。その後、友田小学校の3年生は、オペレッタ「大工と鬼六」の最初の部分を表現して見せました。成木小学校の体育館をお借りし昼食を食べ、午後は青梅駅前の商店街の様子を実際に歩いて観察しました。最後に御岳山に近い御岳園まで行き、多摩川に架かっているつり橋を渡りました。

7月1日（水） セーフティ教室がありました。今回は、危ない場面をいくつか想定し、先生方がその場面を舞台で演じて子どもたちに見せました。子どもたちは先生がやるので興味深く学習ができました。大喜びです。その後は、青梅警察の方から実際に身を守るお話を伺いました。

PTAの役員会が午後7時から、運営委員会が午後7時30分からありました。

7月2日（木） 3年1組と4年2組の保護者会がありました。大勢の保護者の皆様が来校されました。私は各クラスごとに子どもの成長の様子や素晴らしさを話しました。本当に子どもには無限の可能性があります。

7月3日（金）　5・6年生の保護者会が視聴覚室でありました。私は、本校の5・6年生が学校の中心として輝いていることを話しました。私の話の後、6月19日に行われました音楽会の様子を見ました。その後5年生は各教室へ、6年生は移動教室のビデオを見ました。

第95号

7月6日（月） 小雨が降っていましたので、体育館で全校朝会を行いました。私の話は「①今学期も後二週間で終わるが最後まで目標に向かってしっかりと生活してほしいということ　②さわやか元気隊に積極的に参加してくれているし、挨拶をする子どもが増えてきたこと　③明日、宮坂先生や戸田先生が来られて教えてもらうこと」の三点について話しました。

7月7日（火） 宮坂先生・戸田先生が来校されました。5年生2クラス（国語詩「晴間」）、算数ＴＴ（速さと時間）、図画工作（紫陽花の絵・鳥の笛作成）、6年生2クラス（国語物語「ひょっとこ」）の指導を受けました。この他、1年生が体育のとび箱の「開脚腕立てとび上がりおり」の指導を受けました。1年生は学年で、体を柔らかくするため「柔軟」を行っています。体を柔らかくする「柔軟の運動は、すべての運動の基礎になる」と講師の先生から学

授業指導を受ける１年生

びました。
6時間目は提案授業です。今回は2年1組の岡野学級で行いました。教科は国語で、物語教材「スイミー」です。今回のハイライトは、2年生の成長した姿です。課題に取り組む集中力、自分の考えをしっかり持てること、友達の意見にすぐ反応できること、友達同士で話し合えることなど素晴らしい成長です。今日勉強した場面の文章は以下のとおりです。

「スイミーはおよいだ、くらい海のそこを。こわかった。さびしかった。とてもかなしかった。

けれど、海には、すばらしいものがいっぱいあった。おもしろいものを見るたびに、スイミーは、だんだん元気をとりもどした」

みんなで考えた問題は、「くらい海のそこをおよいだときスイミーはすばらしいものを①見たのか②見なかったのか」です。見たのか、見なかったのかについて子どもたちは全員がどちらかの意見を持ち、文章から証拠を見つけながら意見を交流させていったのです。ここで課題追求型授業について少し説明します。課題追求型授業では課題を作りますが、その課題は意見が二つないし三つに分かれるものを選択します。もちろん、課題は教材の中での重要なところでありどこでもいいというものではありません。私たちはその課題のことを対立問題と呼んでいます。この授業でみんなで考えた問題が対立問題なのです。スイミーが「見たか、見ないか」をめぐっての話し合いは2年生のレベルを超えていました。友田小学校の授業研究は授業後に研究協議会を行うのはもちろんのこと、他校では行われていないユニークな方法で行っています。それは、実際に授業をしているときに直接指導いただくものです。授業の途中で講師の先生に直接指導していただくことにより、課題がはっきりしてきます。直接指導していただける講師の先生は誰でも良いわけではありません。授業に精通している一流の先生でなければなりません。本校で年間講師としてご指導いただいている講師の宮坂義彦先生（元三重大学教授）及び戸田淳子先生（元長野県伊那市小学校長）は日本でも数少ない直接授業の指導ができる先生なのです。授業が終わって、内容のある良い授業だったと宮坂先生・戸田先生からお褒めの言葉をいただきました。

7月9日（木） 音楽集会では、「海」と「ブラックパンサー」の二曲を渡辺先生の指導で歌いました。特にブラックパンサーでは最初の部分を1年生から歌えたのがすごかったです。この曲は、5・6年生が市の音楽会で歌ったものです。本校では1年生から表現活動に取り組んでいます。その成果が出ているのだと思います。

7月10日（金） 今学期最後の読み聞かせがありました。読み聞かせの時間を子どもたちはとても楽しみにしています。朝の忙しい時間に、読み聞かせのボランティアの皆さんが、時間を割いて子どもたちのために働いてくださることを心より感謝いたします。現在、読書ボランティアさんの数が不足気味です。読み聞かせは気軽にできるものです。是非一人でも多くの保護者の皆様の参加をお待ちしております。読み聞かせボランティアの活動は、月隔週二回程度、時間は午前8時25分~40分までの15分間、読み聞かせをしていただくものです。見学も大歓迎です。読み聞かせのある金曜日は学校だよりの日程のところに出ております。

さわやか元気隊の挨拶運動が今日で終わりました。朝の挨拶運動に参加した児童は今回も24日間で延べ267名です。これからも挨拶を続けてほしいです。

＊1学期の校長通信は95号で終了します。14日に梅雨が明け、夏本番です。夏休み、学校では水泳教室や桑の木っ子サマースクールが予定されています。また、夏休みでしか経験できないこともたくさんあります。9月には心も体も大きく成長した元気な顔に会えることを楽しみにしています。

第96号

夏休み特集

1　校内研究　今年の夏休み私たちは、授業力向上をめざして校内研究を7月21日・22日・8月26日・27日の4日行いました。7月21日と22日は、午後から1学期の授業並びに教育活動について成果と課題について研究を深めました。8月26日は午前8時45分より午後5時近くまで講師に宮坂義彦先生、戸田淳子先生をお迎えし、課題追求型授業の研究を深めました。8月27日は、午前9時より午後5時まで、宮坂先生、戸田先生に加えて大槻先生に来校いただき、表現活動の研究に取り組みました。この研究会には、はるばる愛知県から勉強に来校された先生（幸野哲良先生）も参加されました。この4日間の研究が、2学期に実を結ぶことを期待しています。本校の教職員は、校内研究の他様々な研究に参加し研鑽を積みました。

2　夏季水泳教室・桑の木っ子サマースクール　夏季水泳教室は7月22日～8月3日まで（土・日を除く）10日間行われました。生憎天気が悪く21日・22日は中止23日・24日は半分実施となりました。27日からはできました。参加人数は延べ約800名です。桑の木っ子サマースクールは、

みんなで協力して朝食づくり５年生

桑の木っ子サマースクールで
一生懸命学ぶ子どもたち

７月21日～８月３日（土・日は除く）までの10日間と８月24日～28日までの５日間の合計15日間行いました。参加人数は延べ約１３００名です。自ら勉強する習慣を付けるために実施していますが、15日間も実施している学校は青梅市内でも友田小学校だけです。

３　いじめゼロ宣言子ども会議　７月27日午後１時30分より青梅市教育センターで「いじめゼロ宣言子ども会議」が、市内の小中学校の生徒会や児童会の代表が参加し開かれました。本校からは、児童会会長のＫＩさんと副会長のＡＫさんが出席しました。２人とも、代表らしく友田小学校のいじめゼロの取り組み（朝の挨拶運動さわやか元気隊やいじめゼロ標語の活動）についてしっかり発表してくれました。樋口純子先生と菅生恵美先生が引率しました。

４　５年生キャンプ　７月25日・26日と天気にも恵まれ、友田小学校の校庭で５年生キャンプが行われました。５年生キャンプ実行委員（５年生の保護者）とＰＴＡ会長の和田さんをはじめ役員の皆様のお力により、素晴らしいキャンプになりました。担任の

漢字検定に真剣に取り組む様子

佐藤栄太郎先生と駒形真央先生も大活躍です。大勢の保護者の皆様や本校の教員の応援もあり、子どもたちにとって思い出にのこるキャンプになったことでしょう。

5　漢字検定試験　友田小教育ルネッサンス推進本部主催の漢字検定試験が8月28日に実施されました。10級から5級までの70名余が受験しました。みんな真剣に問題に取り組んでいました。合格した子どもには後日、推進本部より検定証が渡されます。

6　その他　友田地区盆踊り・多摩川クリーンキャンペーン・PTA文化厚生部主催の夏休み親子工作教室など様々な活動がありました。皆様の協力に感謝申し上げます。また、暑い中本校の読書支援員の吉田さんと図書ボランティアの皆様が、図書の整理をしてくださいました。ありがとうございました。

＊子どもたち一人ひとりにとって素晴らしい夏休みになりました。きっと二学期にそれが生かせると思います。

第97号

9月1日（火） 今日から2学期が始まりました。始業式を校庭で行いました。さわやかな秋晴れのもとの始業式です。夏休み明けですが、1年生から6年生までがしっかりと並ぶことができました。こうして、自分自身で友達との間隔をとり並ぶことができるということは、子どもたちが自分で考えて行動する証です。

始業式で自分の場所にしっかりと立ち
校長の話を聴く子どもたち

私は、「①みんなが夏休みがんばったこと　②みんな元気で登校できたこと　③しっかり並べること」を褒めました。それから校長先生の目標その⑤「自覚をもって行動しよう」について話しました。「今何をしなければならないか。たとえば、全校朝会がありますす。朝来たら校庭に出て、時間が来たら並びます。どう並ぶかも考えて並びます」。

引き取り訓練がありました。今年の夏は、8月11日午前5時7分に東海地方で駿河湾を震源とする震度6弱の地震が発生しました。この地震により高速道路の一部が崩れたり家屋の損傷等の被害がありました。記憶に新しいところです。さて、訓練は、東海地方に大地震が起こると警戒宣言が発令されたことを想定して実施されます。１９２３年9月1日午前11時58分、関東大震災が起きました。関東大震災は、お昼時であり、折からの台風の余波があり地震の揺れ以外に、火災が起き大きな被害をもたらしました。私は子どもたち、引き取りに来た保護者の皆様に、日頃から地震について家族でも話をしてもらうように話しました。

9月2日（水） 夕やけランド友田小がありました。2学期も原則的に毎週水曜日に行われます。現在登録児童は１３０名を超えています。学習する子は図書室、遊びたい子は体育館、校庭で遊びます。今日の参加人数は約50名でした。

ＰＴＡの役員会が午後7時より、運営委員会が午後7時30分より開催されました。今後のＰＴＡ行事等を話し合いました。

9月3日（木） 今日から給食開始です。給食センターからのお知らせにありましたが、2学期から給食には箸が毎回ついてきます。また、先割れスプーンではなく先丸スプーンになりました。

9月4日（金） 今日のルネッサンスタイムでは、全校行進の練習をしました。

歩くという行為は、人間のもっとも基本的な動作です。本校では美しく歩くということをめざしています。美しく歩くとは、音楽に合わせ、腰を伸ばし、胸を高くし、目線を斜め上にして歩くことです。今回運動会では、昨年全校合唱で取り組んだ勝利の行進の曲に合わせて行進します。

1・2年生は、トラックに沿って歩き、3・4年生は校庭の中心で3年生と4年生が交差します。5・6年生は、最初6名1組をつくり校庭中に広がります。その後5年生と6年生が朝礼台側と多摩川門側に分かれ、横二列でいっせいに行進し、途中で交差し、その後は通常の4列に並び直してそろって退場します。この全校行進を行う学校はほとんどありません。運動会でどうぞ友田小学校の子どもたちの素晴らしさをご覧ください。

第98号

9月7日（月）全校朝会では、もう一度、校長先生の目標その⑤「自覚をもって行動しよう」について話しました。自覚を持つとは、国語辞典によれば「①自分で自分の立場や能力を知ること　②自分で直接感じること」です。しっかりと「自分が今何をしなければいけないか」を考え行動することです。

9月7日より10月6日までの期間、教育実習生としてSUさん（都留文科大学）が4年2組を中心として勉強します。SUさんは平成13年度に友田小を卒業した本校の卒業生です。

中学生の職場体験学習として、今週1週間二中の2年生4名が来ました。AG君、SK君、KSさん、SMさんの4名です。

9月9日（水）夕やげランド友田小の2学期第2回目が行われました。3学期の保護者会の折にもお話ししましたが、今年度から本校でも5・6年生に年間20時間の英語活動の授業を行っています。子どもたちに英語活動の授業を行うには、教師自身も力を付けなければなりません。そこで、今日、本校の先生方が英語活動の研修を行いました。

縦割り班遊びで元気に遊ぶ子どもたち

9月10日（木） 今日の友田集会は、縦割り班遊びです。縦割り班遊びは、6年生の班長さんを中心に、班で遊ぶ遊びを考え、1年生から6年生までが楽しく遊ぶ時間です。今日も各班に分かれてどの班も楽しく遊びました。学校の教育活動の中には、特別活動という教育分野があります。特別活動には、学校行事、児童会活動、学級活動などがあります。縦割り班活動は、児童会活動の中に位置づけられます。特別活動の目標は、「集団活動を通して、自主的自発的な能力を育成する」ことにあります。特別活動は、教科の学習活動以外に子どもの力を伸ばす大切な活動です。

本校は次年度の小学校ＰＴＡ連合会の会長校です。そこで、次年度に向けた第1回目の話し合いを午後7時30分より行いました。

9月11日（金） 2学期最初の読み聞かせがありました。読み聞かせボランティアの皆様のお力により、読み聞かせができること感謝、感謝です。子どもたちも楽しみにしております。

二中の二年生の4名は今日が職場体験の最終日でした。これまでの二中生もそうでしたが、本当に良く働きました。朝は、児童玄関で挨拶をし、主に1年生や2年生の学級で先生のお手伝いを一生懸命してくれ、休み時間は子どもたちといっしょに遊んでくれました。二中生にとっても良い勉強の場となりました。

夏休み作品展が9月4日より9月10日まで開かれました。（土・日のぞく）大勢の保護者の皆様が作品展を見に来校されました。ありがとうございました。
＊19日から23日までは、5連休です。新型インフルエンザが本市でも流行してきました。うがい・手洗いをしっかり行い、換気を十分にしてください。外出した場合は、人ごみを避けると共に、うがい・手洗いをしっかりと行いましょう。

第99号

9月14日（月）　全校朝会では、再度「自覚をもって行動しよう」についての話をしました。目標を繰り返し話すことで自覚ができるのです。自分の行動を自分で具体的に律することができるとき「自覚できた」と言えるのです。

今週は、インターンシップ（社会体験実習）で、本校の卒業生のＭＨさん（職業能力開発総合大学）が来ましたので、紹介しました。ＭＨさんには、夏季休業中にも、サマースクールでお世話になっています。

朝会の時間を使い、全校行進の練習をしました。音楽に合わせて美しく歩くということが子どもの心の発達に効果があります。１年生から6年生まで一通り通して練習しました。

9月15日（火）　校内研究で、宮坂先生・戸田先生が来校しました。今回の研究は国語で課題追求型の授業の研究を行いました。本校の研究は、普通一般に行われている校内研究とは大きく違います。その違いの大きな点の一つに授業を講師の先生に直接指導（介入授業）していただくことがあります。直接指導は授業力の大幅アップにつながります。介入授業とは、教育界のレジェンド斎藤喜博先生が昭和30年代に群馬県の島小・境小で校長先生をされていたときに始められた教師に対する指導法です。当初は横口授業と呼ばれておりました。研究会で授業終了後「ここが悪かったですね」「こうすれば良かったですね」と講師の先生や他の先生方から指摘されても実際に授業でその指摘を活用したとき効果が上がるかどうかはわかりません。2校時4年中田学級・門脇学級「手ぶくろを買いに」、3校時3年2組森田学級「モチモチの木」2年2組高野学級「サンゴの海の生き物たち」、4校時1年1組高瀬学級「くじらぐも」2年1組岡野学級「サンゴの海の生き物たち」、5校時3年1組阪上学級「モチモチの木」、6校時6年2組樋口学級「海の命」と直接指導していただきました。

宮坂先生に直接指導を受ける
阪上先生と３年生の子どもたち

本校では、課題追求型授業に取り組んでおります。課題を追求するためには、子どもたちが課題を見つけしっかりと把握することが必要です。そして、教材文の言葉を手がかりにして物語の内容に迫っていきます。全部の紹介はできないのですが本校の授業の一端を感じていただければ幸いです。

たとえば「モチモチの木」では、最初に次のような文章があります。

全く、豆太ほどおくびょうなやつはいない。もう五つにもなったんだから夜中に一人でせっちんぐらいに行けたっていい。

ところが、豆太は、せっちんは表にあるし、表には大きなモチモチの木がつっ立っていて、空いっぱいのかみの毛をバサバサとふるって、両手を「わあっ」とあげるからって、夜中にんだから、夜中に、せっちんぐらいには、じさまについてってもらわないと、一人じゃしょうべんもできないのだ。

この授業では、「豆太は何が怖いのか」が問題になりました。怖いのは、①「夜せっちんに行くことなのか」②「モチモチの木なのか」の二つの考えが出ました。考えが複数出ればしめたものです。考え方の対立が起これば、話し合いができるからです。そこで教師は①か②どちらか子どもたちに自分の考えを決めさせ、挙手し意思表明させました。このことで全員が授業に参加できる基盤ができるのです。その後、自分の考えを述べ合うことで考えが深まります。この場合結論は、「モチモチの木が怖い」ということです。

9月16日（水） 校内研究2日目、今日は2時間目5年1組駒形学級「大造じいさんとがん」3校時5年2組佐藤学級「大造じいさんとがん」4校時6年1組久末学級「海の命」、の順で直接指導をいただきました。高学年になりますと内容も深くなります。授業では特に逆説の接続詞（しかし、けれども、ところがなど）を大切に扱うことによって読みが深まることを学ぶことができました。

5校時は提案授業ということで、1年2組須藤学級「くじらぐも」を本校の教員が全員、授業を参観しました。今日勉強した箇所は以下のとおりです。

せんせいがふえをふいて、とまれのあいずをすると、くじらもとまりました。

「まわれ、右」

せんせいがごうれいをかけると、くじらも、空でまわれ右をしました。

「あのくじらは、きっとがっこうがすきなんだね」

1年生でしかも5時間目でありましたが、「何でくじらは学校が好きだと思ったか」という問題に楽しくしかも全員が集中して取り組むことができました。教師の言葉かけに対する反応も素晴らしものでした。授業の最後に、音読を取り入れたのも授業に変化ができ大変に良かったです。

9月18日（木） ルネッサンスタイムは全校行進の練習を行いました。

坂田かほる先生に来校いただき、5・6年生の子どもたちが俳句の勉強をしました。坂田先生は、友田在住の有名な歌人です。子どもたち一人ひとりにていねいに指導していただきました。子どもらしい俳句ができました。

第１００号

９月24日（木）シルバーウィークが終わり今日から学校です。音楽集会で体育館に集まった子どもたちは、落ち着いていて集中していました。休みの後というのはなかなか落ち着きがないものですが、子どもたちの様子に感動しました。

給食の時間には、給食センターより１・２年生の低学年の給食の様子を見に栄養士さんが来校されました。

９月25日（金）朝は読み聞かせがあり、読書ボランティアの皆さんが来校し子どもたちに読み聞かせをしてくださいました。

夜は今年度第１回目のＰＴＡ推薦委員会がありました。推薦委員の皆さん、ご苦労様でした。推薦委員さんには、次年度の役員候補者の推薦をしていただきます。ＰＴＡ会員の皆様のご協力をよろしくお願いします。

第101号

9月28日（月） 全校朝会では、友田御獄神社のお祭り（26日・27日実施）に獅子舞で活躍した子どもたちの話をしました。次に、このところ私が繰り返して子どもたちに話している校長先生の目標⑤「自覚を持って行動しよう」について話しました。「自分が今何をしなければならないのか」と常に考え自覚を持って行動することで思考力が磨かれます。自覚をしたら、次にそれを行動に移します。自覚しただけでは、十分ではありません。それを行動に移すことも大切です。その後は全校行進の練習です。前にも書きましたが、今年度より新しく運動会の種目に取り入れました。（一年を通して美しく歩くという学習は行っています。）歩くということは、二足歩行をする私たち、人間にとって基本的なものです。音楽に合わせて美しく歩くこと、先生の指示ではなく自分たちで判断して友達と歩くことで、自覚を持って行動する力が養われます。

行進のポイントは「①音楽に合わせる②顔をあげて胸を高く③腰から歩く」の3つです。1学期より数段レベルが上がってきました。6年生の行進が良くなってきました。学び合い響き合いです。下の学年は6年生をお手本にして学んでいるのです。

9月29日（火） 全校練習の第1回目です。学校便りにも書きましたが、すごい集中力です。入場行進の練習も1回でできてしまいました。行進の学習は年間を通して行っております。その成果が出ています。話の聴き方も素晴らしいです。さらに応援の練習が素晴らしかったです。応援団の子どもたちはまとまっていて元気があり、応援する子どもたちと息がぴったりと合っています。

9月30日（水） 生憎天候が悪く今日の全校練習は体育館で行いました。今日の練習も集中してできました。

10月1日（木） 天気が回復し、今日の全校練習は校庭でできました。開会式・応援・歌（校歌・友田の子ども）・全校行進・閉会式の練習をしました。子どもたちはどの練習も真剣に意欲的に取り組みました。

私は、1年生から6年生までの練習を見ました。1・2年生の「子どもエイサー」は、子どもたちがゆったりとしたリズムにのり楽しそうに踊る姿が印象的です。3・4年生の「友小ソーラン」は、3・4年生とは思えない迫力で迫ってきます。掛け声も気合が入っています。

5・6年生の組体操「我が友田」はさすが友田小学校の高学年です。今年の組体操は、表現的な要素を取り入れています。随所に、ツーステップ・リープターン・ギャロップなどのステップが出ています。もちろん波や三段タワーにも挑戦します。（5・6年生の練習風景を写真に撮ったのですが、1・2年生、3・4年生は演技に見とれて撮れませんでした。申し訳ありません。

全校練習で駒形先生の話をしっかり聴く子どもたち

全行進の練習で気持をそろえ行進する６年生

運動会をお楽しみに！）

運動会は子どもにとって晴れの舞台です。運動会の一つひとつの演技をする中で、子どもは無限の可能性を引き出され高められます。校長としての運動会の今年の目標は、「自覚し行動する」です。「今自分が何をしなければならないのか」を学年のレベルはありますが「自覚し行動する」ことによって、より良い演技になるのです。この日のために子どもたちは練習を積み重ねてきました。運動会当日、校庭という舞台で一生懸命に演技をする子どもたちと熱い応援をしてくださる保護者の皆様の心がひとつになり、子どもたちは今までに見せたことのない輝きを放つことでしょう。皆様のご来校を心よりお待ち申し上げております。（プログラム校長挨拶文より）

第１０２号

運動会特集（10月4日）

それぞれが、自覚を持ち行動できました！

開会式は、入場行進が見事でした。話の聞き方も集中していました。応援団は、赤組も白組も休み時間や放課後など練習を積み重ねました。今日は元気でまとまりのある応援ができました。1・2年生の「子どもエイサー２００９」はリズムにのって、笑顔で楽しそうに踊っていたのが印象的でした。3・4年生の「友小ソーラン」は、中学年ですが迫力があり、一人ひとりが音楽にのり、生き生きと演技していました。5・6年生の組体操「我が友田」は、「モルダウ」の曲にのせて、新しい試みとして柔軟やステップも取り入れたものでした。同じことを繰り返すのでなく新しいものに挑戦することは大切なことです。場面の構成、対応関係と素晴らしい仕上がりとなりました。1・2年生のマッチョ玉入れ、3・4年生の棒引き、5・6年生の騎馬戦はどれも見応えがありました。1年生から6年生までの50メートル～１００メートル走は自分との戦いです。力一杯走れました。各学年の全員リレーも全員がチームワークを発揮していました。高学年になるとバトンの受け渡しが格段にうまくなります。準備運動にはエアロビ体操が取り入れられました。リズムにのるのは、子どもの方が上手です。

全校行進も新しい試みです。本校の行進は、音楽にのり気持ち良く歩くということに目標をおいています。列をそろえて、手を大きく振りももを高くあげて歩く行進とは基本的に違います。1年生や2年生が自分たちで校庭を1周する姿には感動します。3・4年生は交差が入り、5・6年生はさらに難しい1列の交差です。自分で判断し行動できる姿は素晴らしいものでした。

(私の願いが叶いました。)

このように素晴らしい運動会になりましたのは、やはり応援してくださる保護者地域の皆様のおかげです。運動会は晴れの舞台です。演技するものと応援するものが一体となることにより、子どもの無限の可能性が花開いたのです。

5・6年生組体操「我が友田」
足の先から手の先まで表現する

第１０３号

10月20日（火） 今週は読書週間です。朝読書があります。読書の秋という言葉がありますが、本を読むにはいい季節です。テレビを見たりゲームばかりやるのでなく、子どもたちには本に親しんでもらいたいものです。ご家庭で一緒に読書をするのも良いと思います。

10月21日（水） 夕やけランド友田小も再開されました。70名ほどの子どもたちが参加しました。現在１３５名が登録しております。申し込みは随時受け付けております。以前申込書をお渡ししたと思いますが、紛失した場合は、担任の先生にお申し出ください。

10月22日（木） ３年生が社会科見学でホットマンに行きました。ホットマンは青梅市内にあるタオル等を作っている工場です。青梅は、昔から蚕を飼い生糸を取り織物が盛んな地域でした。会社の担当者から説明をしっかり聴き、工場内を見学しました。３年生の見学の仕方もりっぱでした。さらに驚いたことは、反応の良さです。工場の仕事のビデオに、「あ、これ知ってる」「これ習った」「これかー」「すごい」などの声が出て反応していたことです。しっかり教室で勉強していたからこそ出た言葉でした。見学中も、いろいろ質問していました。

5年生「あほろくの川だいこ」を指導する宮坂先生と戸田先生

3年生「大工と鬼六」の指導をする戸田先生

10月23日（金） 読書ボランティアさんによる読み聞かせがありました。本に親しむ上で読み聞かせは大きな効果があります。

宮坂先生・戸田先生に来校いただき、オペレッタ・表現の指導をしていただきました。1年生から5年生まではオペレッタに取り組んでいます。1年生が「三枚のおふだ」、2年生が「かさじぞう」、3年生が「大工と鬼六」、4年生が「手ぶくろを買いに」、5年生が「あほろくの川だいこ」です。6年生は合唱組曲「利根川」という合唱と朗読と身体表現のあるものに取り組んでいます。本校でオペレッタなどの音楽表現に取り組む理由は、表現知という言葉がありますが、表現活動に取り組むことにより子どもたちの知性が磨かれるからです。オペレッタは、合唱・セリフ・身体表現で構成されている総合芸術です。そして常に全員で演技します。自分が今何をしなければならないのかを常に自覚していかなければなりません。子どもたちはオペレッタが大好きです。これから計画的に公開研究会をめざして学習を積み重ねていきます。

阿部郁子先生来校！（青梅市教育委員会前教育委員長）10月30日（金）に学校公開・道徳授業地区公開講座があります。公開講座終了後、今年は、午後2時45分より阿部郁子先生にご講演をいただきます。

講演内容は、「子育てについて」です。

保護者の皆様には、日頃、子育てについて悩まれることがあるかと思います。阿部先生は、子育てを終え、青梅市教育委員会の教育委員をされました。最後の2年間は教育委員長を務められました。阿部先生のお話から子育てのヒントがきっと得られるはずです。一人でも多くの保護者の皆様のご参加を願っています。

第104号

10月26日（月） 朝は全校合唱の練習をしました。今日は、大槻先生にオペレッタをご指導いただく日です。宮坂先生や戸田先生も来校されました。

大槻先生には、遥々群馬県の伊勢崎市からお越しいただきました。表現活動の指導にかけては最高の先生です。御年88歳ですが、かくしゃくとしていらして、指導中は体が華麗に動きます。1年生から6年生までの各表現について、場面の構成や子どもの動きについて具体的にご指導いただきました。インフルエンザがあり各学年ともなかなか練習ができなかったので、精力的にご指導いただき、表現のレベルが上がってきました。

＊大槻先生のお迎え　講師大槻先生は群馬県の伊勢崎市にお住まいです。電車で来ると乗り換えもありご苦労をお掛けします。そこで、私は朝5時に自家用車で圏央道・関越道を使い大槻先生のご自宅までお迎えに行きました。午前7時30分頃に着きましたので大槻先生を車に乗せて友田小学校には午前10時ごろには着くことができました。ご指導が終わると午後4時30分頃になります。私はまた伊勢崎市のご自宅までお送りしました。大槻先生に来校いただいたことは

大槻先生の低学年と６年生「利根川」の指導

願ってもない幸運でした。お送りしたとき、斎藤喜博先生も食事に通われた「うなぎの玉川」に連れて行ってくださったことが今でも思い出されます。

10月27日（火） 就学時健康診断がありました。来年度の新入児童数は現在のところ46名です。子どもたちは保護者といっしょに来校しました。かわいい目に出会えて、心が和みました。入学してくるのが楽しみです。

10月29日（木） ４年生は社会科見学で羽村の堰と羽村郷土博物館に行きました。４年生は玉川上水のお勉強です。玉川上水は、幕府の命により、有名な玉川兄弟によって１６５３年に作られたもので、羽村の堰から四谷大木戸まで総延長43キロあります。博物館で、子どもたちは、古谷先生のお話を真剣に聴き、先人の努力に思いをはせました。その後、博物館内にある玉川上水の昔の木製の水門など、玉川上水に関連のある展示物をグループごとに見学しました。羽村の堰では、現在の様子を見学しました。

10月30日（金） 学校公開・道徳授業地区公開講座がありました。大勢の保護者の皆様が来校され、子どもたちも1時間目から大張り

熱弁を振るう阿部郁子先生

きりでがんばっていました。阿部郁子先生（前青梅市教育委員会教育委員長）にお忙しい中、来校いただき「子育て」についてお話しいただきました。阿部先生は、青梅市で長年子育て支援の活動をされてこられた方です。ユーモアを交えながら、ご自分の経験を話されます。知らず知らずに話の中に引き込まれます。阿部先生は、特に「スキンシップ」の大切さ、家庭教育の大切さについて話されました。阿部先生は福島県会津のご出身です。会津には藩校で有名な日新館があります。日新館には什（じゅう）の教えというものがあります。現代にそぐわないものもありますが、その最後の一文がすごいと思います。

阿部先生が「ならぬことはならぬものです」という言葉を話してくださいました。家庭でのしつけが大事なのです。

教育ルネッサンス発表会についてのご連絡

11月14日（土）に行う予定でした教育ルネッサンス発表会は、インフルエンザのため12月5日（土）に延期になりました。12月5日（土）は、友田保育園のお遊戯会が予定されています。12月5日にご都合が悪い場合は、公開研究会（授業を除くオペレッタ・合唱・体育）及び児童鑑賞日（オペレッタのみ）にご来校ください。ご希望の方は、連絡帳等で担任にお申し出ください。

尚、日時内容等は以下のとおりです。公開研究会でのビデオ・写真撮影はできません。

児童鑑賞日

11月18日（水）午前8時25分～10時20分まで

演目　1年生～6年生オペレッタ総合表現

第二回全国公開教育研究会

11月27日（金）午前10時45分～12時20分まで

演目　1年生～4年生体育「とび箱」・1年生・2年生オペレッタ

午後1時20分～2時5分まで

演目　3年生・4年生オペレッタ

11月28日（土）午前10時45分～12時20分まで

演目　5年生・6年生体育「とび箱」5年生オペレッタ、6年生総合表現

午後1時20分～2時5分まで

演目　5年生・6年生合唱　全校合唱（1年～6年まで）

第105号

11月2日（月） インフルエンザの流行があり、10月中は全校合唱の練習ができませんでした。今日は久しぶりに体育館に全校の子どもたちが集まり、全校合唱の練習をしました。全員が集まれることがこんなにうれしいことだとは！　改めてうれしさを噛みしめました。

11月3日（火） 第二支会友田地区の青少年健全育成対策協議会主催の「秋の里を歩く会」がありました。天気にも恵まれハイキング日和となりました。参加者は大人も子どもも和気あいあいとウオーキングを楽しみあました。

11月4日（水） 今日の朝の時間は、久しぶりに友田集会（縦割り班遊び）がありました。どの班も6年生が中心となり仲良く遊ぶことができました。

夕やけランド友田小は、11月より終わりを1時間早め午後4時となりました。これから日が短くなります。

PTAや役員会が午後7時より、運営委員会が午後7時30分よりありました。11月27日・28日に行われます第二回全国公開教育研究会への支援の計画を私より話しまして協力をお願いしました。

11月5日（木）校内研究会がありました。宮坂先生。大槻先生、戸田先生が来校されました。今日は、1年生~5年生までのオペレッタと6年生の総合表現を指導していただきました。どの学年とも少しずつ取り組んだ成果が上ってきております。

11月6日（金）今日の校内研究は、合唱を中心に宮坂先生にご指導いただきました。1年生の合唱は「たんぽぽ」「おもちゃのシンフォニー」、2年生は「機関車の歌」「すずめすずめほしんじょ」、3年生は「清水の観音様」「河原」、4年生は「梅の花ひらけ」「ます」「五木の子守歌」、5年生は「荒城の月」「モルダウの流れ」、6年生は「流浪の民」「大地讃頌」です。音楽専科の渡辺先生のもと、担任の先生が指揮をします。指揮は、単なる拍子を刻むことではなく、旋律と歌詞の解釈を行いオーケストラの指揮者と同じくそれを体で表現します。宮坂先生のご指導で、子どもたちの合唱は一段と素晴らしいものになってきました。

11月7日（土）青梅市教育委員会伝統文化表彰式がありました。本校6年生の7名が表彰されました。受賞した7名の子どもたちは4年生の時より友田の獅子舞を舞っております。友田の獅子舞は室町時代に始まり500年以上の伝統があり、代々伝えられてきたものです。青梅市の伝統文化としてこれからも末永く守り続けてほしいと思います。

第106号

11月9日（月） 第2回全国公開教育研究会が近づいてきましたのでこれから校内研究会が続きます。宮坂先生が来校され、国語の課題追求型授業の研究を行いました。公開教育研究会で行う授業について直接指導を受けました。公開教育研究会では、1年生が「たぬきの糸車」。2年生が「お手紙」、3年生が「モチモチの木」、4年生が「ごんぎつね」、5年生が「大造じいさんとがん」、6年生が「海の命」の物語教材の授業を行います。宮坂先生に各クラスに入っていただき、課題追求型授業において必要な個所を直接指導していただきました。この直接指導のことを、介入授業と言います。普通の校内研究会では授業が終わった後に研究協議会を行いそこで講師の先生から授業の指導をいただきます。しかし、講師の先生に指導していただきました箇所が、実際の授業で実証されることはありません。介入授業であれば、直接授業で指導していただけるので、教師にとっても学ぶことができますし、介入が有効でなければならないのです。ですから、授業力のある講師でないとこの介入授業の指導はできません。

＊この介入授業の方式は、昭和30年代に群馬県の島小・境小で校長をされた斎藤喜博という教育

界のレジェンドによってはじめられた方法です。

本校の先生方は、子どもの無限の可能性を引き出し高めようと必死で質の高い授業を追求しております。子どもたちは、その先生方の姿に感動し、学ぶ意欲を高めております。

11月10日（火） 全校合唱の練習を行いました。体育館に雛壇を設置し、1年生から6年生までの並び方の練習をしました。全校児童は300人以上おります。短い時間で全員がしっかり並ぶことができました。これもこれまでの成果が表れています。公開教育研究会では、「勝利の行進」（歌劇アイーダの中にあります。）「ふるさと」を合唱します。

11月11日（水） 今日も校内研究がありました。宮坂先生、大槻先生、戸田先生が来校されました。今日は、オペレッタ（1年生から5年生まで）と6年生の総合表現を指導していただきました。各学年とも仕上がってきました。

11月12日（木） 今日の校内研究では、前日に引き続き表現の指導を受けました。講師は宮坂先生、大槻先生、戸田先生にです。講師の熱心で適切な指導で、子どもたちの表現がどんどん変わっていきます。子どもたちの力が引き出されます。

11月13日（金） 昨日より引き続き今日も校内研究です。講師の大槻先生（ご自宅 群馬県伊勢崎市）、戸田先生（ご自宅 長野県長野市）はホテルにお泊りになり来校いただきました。宮坂先生は、杉並区から朝早く来校いただきました。今日は、体育のとび箱と合唱を中心にご指導いただきました。体育のとび箱では、1年生が「開脚腕立てとび上がりおり」、2年生が「閉脚腕立てどび上がりおり」、3年生が「開脚腕立てとびこし」、4年生が「台上前回り」、5年生が「台上頭支持前転」、6年生が「台上腕立て前転」に取り組んでいます。1年生から6年生までのとび箱の運動を系統的に無理なく段階を踏んで行っております。なぜとび箱に取り組むのでしょうか。器械運動は、運動能力で言うと瞬発力、跳躍力、調整力を培います。また、とび箱運動は、子どもたちは一人になります。個を強くするには最適な運動です。子どもたちは互いに教え合いそれぞれの技ができるようになります。（教師にとっても指導したことの可否が技ができるできないがすぐわかります。運動には運動力学に基づきました合理的方法があるのです。）得意不得意に関係なく、子どもたち一人ひとりが、自分の課題に挑戦している姿は感動的です。

合唱につきましては、先週（11月6日）指導を受けたときよりも、どの学年とも格段の進歩を遂げていました。全校合唱は校長が指揮をします。校長である私の指揮の指導を宮坂先生から手を取り見本を示してくださり指導していただきました。３００名以上の子どもたちの歌声が体育館中に響き渡りました。

第１０７号

11月16日（月） 体育館で全校朝会を行いました。公開教育研究会まで2週間あまりとなりました。私は、子どもたちが一生懸命に取り組んでいることを褒めました。朝会の後に全校合唱の練習を行いました。

11月17日（火） 昨日に引き続き、全校合唱の練習をしました。6年生から合唱の位置に着くのですが、それが素晴らしいのです。6年生は、5年生から1年生が並ぶ間、すっと立つことができます。その6年生を見習い、5年生も4年生から1年生までをすっと立って待つことができます。4年生も3年生も高学年を見習ってすっと立つことができます。2年生と1年生は、ひな壇にのらずフロアーなので、少し前に移動します。これも自分たちでしっかり判断して移動できるのです。自分で考えて行動するということ、自覚を持って行動するということができるのです。

11月18日（水） 朝から1・2時間目にかけて、公開教育研究会で発表する予定のオペレッタ（1年生から5年生）や総合表現（6年生）、全学年の子どもたちが見合う児童鑑賞の時間がありました。子どもたちは他の学年がどんなオペレッタや総合表現に取り組んでいるのか見たことがありません。今回見合う会を行ったことで、他学年からたくさん学ぶことができました。どの学年も一生懸命演技していて見ごたえがありました。

3時間目に、1・2年生はヤマメの飼育教室がありました。青梅市の水と緑のふれあい事業団の方が、ヤマメの卵を500個ほど持って来てくれました。子どもたちは担当の吉田さんからヤマメの育て方のお話を聞きました。卵は、一人2個か3個もらい水を入れたビンに卵を入れ冷蔵庫で育てます。ヤマメの卵は強い日差しと暑いところが苦手です。卵は1週間ぐらいすると孵ります。そうしたら体についた栄養がなくなるまで育てます。来年3月上旬にみんなで多摩川に放流します。

11月19日（木） 大槻先生・戸田先生に来校いただき、オペレッタと総合表現の指導をしていただきました。1年生から6年生まで表現のポイント（対応すること・場面の構成・体全体の動き）をていねいに、子どもの実態に即して教えていただきました。驚いたことに子どもたちはどんどん学び、どんどん吸収してしまいます。授業でもそうですが、オペレッタや総合表現の追求でも終わりはありません。公開教育研究会という一つの山をめざし、自分を変え成長していく子どもたちの姿に感動します。先生方も必死です。より良いものにしようと追求の日々です。

11月20日（金） 放送委員会が作成した友田テレビがありました。1年生から6年生まで、公開教育研究会で何をどんなふうに頑張りたいかというインタビューの放送がありました。ある児童は、「私はオペレッタで、声を遠くまで届かせるよう息をいっぱい吸ってセリフを言いたいで

いました。

す」と話していました。全部紹介できませんが、どの子どもも自分のめあてをしっかりと話して

11月21日（土） ＰＴＡ文化厚生部主催の音楽会がありました。今回は音楽家の渡辺亮さんにお出でいただき、ブラジルのサンバの音楽を中心に打楽器の演奏を聞いたり、参加して演奏したりと楽しい時間を過ごしました。

11月22日（日） 小雨の降る寒い日でしたが、友田地区の防災訓練がありました。午前9時30分に各自治会の集合場所に集まり、圏央道下の広場に集合です。広場では、地震の体験や煙体験などがあり、防災について学ぶことができました。

第108号

11月24日（火） 今日から3日間講師の先生方は、近くのホテルに泊まり込みで、ご指導に来てくださいます。今日は体育を中心に1年生から6年生まで指導していただきました。技のポイント、体育館での入退場の仕方などをていねいに教えていただきました。すべての演技でそうなのですが、演技中は集中してやるのは当たり前ですが、入場や退場も集中してやることが大切なのです。

11月25日（水） 今日は、オペレッタと総合表現の指導をしていただきました。オペレッタ・総合表現もいよいよ総仕上げです。全体の構成はできていますので、部分的に修正するところを指導していただきました。指導は何もかもすべて指導するのではありません。大事なポイントを指導していただくと他も修正できてしまいますから不思議です。講師の先生方の言葉にすぐ反応して自分で考えて変えていく子どもたち、友田小学校の子どもたちには、対応力があります。

11月26日（木） いよいよ明日が、第二回全国公開教育研究会です。今日は、合唱を中心に指導していただきました。オペレッタや総合表現でもそうですが、合唱も音楽専科の渡辺洋子先生の力が大きいです。渡辺先生は、オペレッタ・総合表現そして合唱のすべてを伴奏してくださり、担任の先生といっしょに指導もしていただきました。

公開教育研究会までの3日間の子どもたちの成長には目を見張ります。一日一日成長が目に見えます。公開教育研究会という機会がなければこの事実は生まれなかったのです。

＊呼吸について

合唱・オペレッタ・体育のとび箱のすべての演技に共通のもの、それは呼吸です。息をたっぷり入れない限り大きな声を響かせられませんし、体を柔らかくすることができません。合唱などで子どもが息をする動作をする時があります。その動作が奇異に映ることがあるかもしれません。しかし、それは子どもが一生懸命息を吸っているのです。呼吸には脱力も大切です。呼吸が身に付いてくれば脱力ができ体を大きく動かさなくともたくさん息が吸えるようになってきます。また、息を吸うということは、体の構えをつくることであります。

コラム50　構えと対応と自覚

今年度意識的に指導してきたことに「構えと対応と自覚」があります。

構えとは、準備することです。たとえは、授業でしたら授業が始まる前に学習する場所は分かっているわけですから、先生が教室に来るまでの間に教科書の学習する場所を読んでいるとか、合唱のときは歌う準備として呼吸（息を吸い込む）をすることです。スポーツの例をあげますと、バレーボールでは、試合が始まればサーブがあります。味方の選手がサーブをする場合、相手チームは、サーブを受けようと全員が構えます。その場合単に構えているわけではなく、ザーブのスピード、角度など様々に考えを巡らしているのです。

対応とは、反応することです。「おはようございます」と挨拶されたときは、「おはようございます」と挨拶を返します。これが反応することです。授業で、友達が「わたしは○○だと思います」と自分の考えを述べたとき頷くことも反応することですし、「わたしは、Aさんの意見に賛成です」と自分の考えを述べるのも反応することです。相手の話をしっかり聞いていなければ反応することができません。しっかり聞くことは構えができていることになります。

自覚とは、自分ではっきりと認識し行動に移すことです。たとえば、とび箱の腕立て開脚とびこしをする場合、体のどこをどのように動かせば合理的に美しく跳べるのか、自分の課題は何なのかをはっきりと認識することです。

構えと対応と自覚を追求することで、子どもたちの学力が向上するのです。本校が公開教育研究会に取り組んでいるのは、まさにことのためなのです。校長の学校経営方針にもありますように、学力とは単に知識の量を指すのではなく、学びとる力であると私は考えいます。学びとる力さえついていれば、学校の勉強もできますし、社会に出てからの様々な困難も乗り越えられます。学びとる力は、人間としての生きる力なのです。

第１０９号

公開教育研究会特集１

11月27日（金）・28日（土）に第二回全国公開教育研究会がありました。公開教育研究会は、「子どもの無限の可能性を引き出し高める晴れの舞台です」私たち大人もそうですが、子どもも目標に向かって具体的に努力するとき、最大限の力を発揮することができます。さらに公開教育研究会及び公開教育研究会までの過程で学んできたことは、学校での学習及び生活を大きく変えています。以前「学習の転移」というお話をしましたが、それが表れているのです。各教科の学習、生活態度が著しく向上しました。日本の教育は？　日本の子どもたちは？　子どもたちの学力は？　とマスコミ等で学力低下に象徴される教育の荒廃が報道されています。果たして日本の教育は荒廃しているのでしょうか？　報道はどちらかと言いますとセンセーショナルに書きたてます。しかし、私は、どっこい日本の子どもたちは素晴らしいし、日本の先生方も一生懸命努力していると感じています。友田小学校の具体的な事実がそれを証明しているのです。１０３号に書きましたが、今年度重点的に取り組んだことは、構え（心と体の準備）と対応（反応する）

と自覚（自分で思考し行動ができる）です。友田小学校の子どもたちは、「①挨拶が良くできる。②場面を考えて行動できる。③ものを覚えるのが早い。④自分の考えをしっかり持てる。⑤困難にたじろがない」などの良い点がはっきりとみられるようになりました。宮坂先生はじめ講師の先生方は、本校の子どもたちを「輪郭がはっきりしている」と褒められます。輪郭がはっきりしているとは、別の言葉で言えば、主体性があるということであり、自分をしっかりと持っているということです。いっしょに全員で合唱しました。会場が一体となり素晴らしい時間となりました。子どもたちが下校した後、研究会を行いました。研究会では、本校の研究内容を発表し、参観者からの感想をお聞きし、その後講師の宮坂先生、大槻先生、戸田先生の3人の講師の先生からお話を伺いました。特に宮坂先生には「思考と知識を結びつける課題追求型授業の創造」と題してお話を伺いました。

＊この講演内容は、『宮坂義彦先生に学ぶ』（西多摩授業の会編　非売品）『追求の授業に生きる』（いずれも一莖書房）におさめられております。ご希望の方は一莖書房までお問い合わせください。

11月27日（金）は平日にも関わらず、120名以上の参観者が、翌28日（土）は、土曜日ということもあり、230名以上の参観者がありました。今年度も北は北海道の札幌の小学校から南は島根県の小学校まで、全国から来校されました。幸い天候にも恵まれ、最高の公開研究会になりました。

全校合唱で「勝利の行進」「ふるさと」を合唱する子どもたち

27日（金）と28日（土）の第二回全国公開教育研究会の内容について簡単に紹介します。

27日は2時間目が、各学年組の国語の授業の公開、3時間目に1年生から3年生までの体育のとび箱の発表、4時間目が1年・2年生の合唱とオペレッタの発表、5時間目が3年生と4年生の合唱とオペレッタの発表です。子どもたちが下校した後、午後2時30分より授業についての研究会を行いました。

28日は2時間目が昨日授業を公開しなかった学年組の国語の授業の公開、3時間目が4年生から6年生までの体育のとび箱の発表、4時間目が5年生・6年生のオペレッタ・総合表現の発表、5時間目が5年生・6年生の合唱と全校合唱です。全校合唱では、校長（私）の指揮で「勝利の行進」「ふるさと」を合唱しました。子どもたちが合唱した後「ふるさと」を会場の参観者もいっしょに合唱しました。子どもたち・教師・参観者が一体となり体育館は大合唱の渦に包まれました。

また、公開教育研究会には、市議会前のお忙しい中、教育長の畑中茂雄様、教育指導担当主幹のＮＭ様がご出席くださり、教育長の畑中茂雄様よりご挨拶をいただきました。本校の研究を青梅市の教育委員会が全面的に応援してくださいますこと、本当にうれしいことです。保護者の皆様には、12月5日（土）の友田小教育ルネッサンス発表会で授業以外の体育のとび箱、合唱、オペレッタや総合表現をご覧いただきます。ご期待ください。

27日（金）・28日（土）の2日間に渡り、全面的にご協力いただいた、ＰＴＡ本部役員の皆様、運営委員の皆様に心より感謝申し上げます。ＰＴＡの皆様の対応について、「親切にしてくださり、ありがとうございました」「温かい対応がありがたかったです」と参観者の皆様からのお礼の言葉が寄せられています。公開教育研究会は、学校だけでは決してできるものではありません。保護者の皆様、地域の皆様のご協力があればこそできたものです。

第二回全国公開教育研究会１日目の日程（11 月 27 日）

受　付　9:00	
公開授業 ① 9:35 ～ 10:20 教室	１年１組（髙瀬由子）国語「たぬきの糸車」 ２年２組（高野理佳）国語「お手紙」 ３年２組（森田千草）国語「モチモチの木」 ４年２組（門脇敏治）国語「ごんぎつね」 ５年２組（佐藤栄太郎）国語「大造じいさんとがん」 ６年２組（樋口純子）国語「海の命」
公開授業 ② 10:45 ～ 11:30 体育館	１年全　体育「開脚腕立てとび上がりおり」 ２年全　体育「閉脚腕立てとび上がりおり」 ３年全　体育「開脚腕立てとびこし」
公開授業 ③ 11:35 ～ 12:20 体育館	１年全　音楽　合唱「たんぽぽ」「おもちゃのシンフォニー」 ２年全　音楽　合唱「機関車の歌」「すずめすずめほしんじょ」 １年全　国語・音楽オペレッタ「三枚のおふだ」 ２年全　国語・音楽オペレッタ「かさじぞう」
昼食 12:20 ～ 13:20	視聴覚室　図書室　家庭科室
公開授業 ④ 13:20 ～ 14:05 体育館	３年全　音楽　合唱「清水の観音様」「河原」 ４年全　音楽　合唱「梅の花開け」「ます」「五木の子守唄」 ３年全　総合　オペレッタ「大工と鬼六」 ４年全　総合　オペレッタ「手ぶくろを買いに」
研究会 14:30 ～ 16:15 体育館	授業検討会 国語５年「大造じいさんとがん」佐藤学級の授業 授業者自評 参観者との研究協議 宮坂義彦先生他講師の先生のご指導

第二回全国公開教育研究会２日目の日程（11 月 28 日）

受　付　9:00	
公開授業 ① 9:35 ～ 10:20 教室	1 年２組（須藤愛美）国語「たぬきの糸車」 2 年１組（岡野厚美）国語「お手紙」 3 年１組（阪上智美）国語「モチモチの木」 4 年１組（中田会美）国語「ごんぎつね」 5 年１組（駒形真央）国語「大造じいさんとがん」 6 年１組（久末　誠）国語「海の命」
公開授業 ② 10:45 ～ 11:30 体育館	4 年全　体育「台上前回り」 5 年全　体育「台上頭支持前転」 6 年全　体育「台上腕立て前転」
公開授業 ③ 11:35 ～ 12:20 体育館	5 年全　総合　オペレッタ「あほろくの川だいこ」 6 年全　総合　総合表現「利根川」
昼食 12:20 ～ 13:20	視聴覚室　図書室　家庭科室
公開授業 ④ 13:20 ～ 14:05 体育館	5 年 音楽 合唱「荒城の月」「モルダウの流れ」「ほたるぶくろ」 6 年 音楽 合唱「流浪の民」「大地讃頌」 全校合唱　「ふるさと」「勝利の行進」
研究会 講演会 14:30 ～ 16:15 体育館	あいさつ　青梅市教育委員会教育長　畑中茂雄 青梅市立友田小学校長　隅内利之 研究報告　青梅市立友田小学校研究主任　久末　誠 講　演　講師　宮坂義彦　先生（元三重大教授） 講師　大槻志津江　先生（元境小学校教諭） 講師　戸田淳子　先生（元伊那市小学校長）

第１１０号

公開教育研究会特集２

公開研究会に来校された参観者の皆様の感想を少しご紹介したいと思います。

参観者１（東京） 子どもたち一人ひとりの姿がくっきりと見られ本当に素晴らしいと感じました。立っている姿、座っている姿、これだけで立派な表現であることを改めて教えられました。

参観者２（東京） ②２日間の公開発表を参観させていただき、ありがとうございました。全職員での取り組みが伝わってきました。駐車場で案内をしてくださった方、受付をしてくださった方、控え室のお茶の用意をしてくださった方、授業づくりで必死になってこられた先生方、授業や公開を陰で支えてこられた職員や先生方、本当にありがとうございました。子どもたちが大きく見えました。一人ひとりがしっかりと輪郭を持ち、ひな壇に立っているその姿だけでも、一人ひとりの輪郭がありました。（中略）一人ひとりの個を強くしようという学校全体の願いが、授業の中や、体育、合唱、オペレッタ、歩く姿、立っている姿に結び付けられて見えていました。授業の中で、「自分の思ったことは、表情や言葉に出して、反応していこうよ」という、毎日、毎時間、授業の取り組みをしていく中で培われてきて、そして、あのような見事な公開発表になったのだとおもいました。

参観者3（青森）授業で子どもたちが発表する子の方を向いてうなずきながら聞いていること、自分の考えを伸び伸びと言っていることが素晴らしい。

参観者4（静岡）子どもたちが一生懸命掃除をしている姿、気持ちの良いあいさつ、教室から聴こえてくる張りのある声の歌、授業を見る前からドキドキ、ワクワクしてしまいました。学校全体で取り組むことは大変だけれど、先生方は幸せですね。どの学年も見たかったのですが、5年生の国語の授業を参観しました。言葉にこだわり子どもたちから次々に意見が出て、つなげたり対立したり自分の考えがストレートに言える雰囲気ができていて素晴らしいと思いました。

参観者5（東京）（友田小のレベルの高さ）低いところでも安定するのですが、高いところを目指さなければいけない。そう思わされました。たとえ道はけわしくても高みに行かなければいけないと心を改めました。

参観者6（東京）素晴らしい公開研究会ありがとう存じ上げます。1年生から辞書を活用している授業が参考になりました。先生方が静かな口調で落ち着いた教育活動をなされていることに感動いたしました。

参観者7（島根）一言でこんな素晴らしい実践をやっておられる学校があるんだなと感銘を受け

ました。温かい気持ちで帰途につきました。授業もそうですが、合唱・オペレッタにしてもどの学年も子どもが一生懸命活動しており、そこまでの動き、そこまでの声が演出できるんだなと本当に子どもの無限の可能性を確認させられた次第です。

参観された30名以上の皆様から、貴重な感想を寄せていただきました。全部紹介できないのが残念です。

次に第二回全国公開教育研究会の様子が新聞に掲載されましたので紹介します。また、多摩ケーブルテレビでも放映されました。

教育ルネッサンス

青梅友田小で授業研究

青梅市教委の学力向上推進モデル校として07、08年度と研究を進め、今年度も「友田小教育ルネッサンス」として研究を継続している青梅市立友田小学校（隅内利之校長、児童数312人）で11月27日と28日、教育関係者に向けた国語やオペレッタ、体育の授業の公開研究会が行われた。

同校では、児童が自ら課題を見つけ、話し合いを通して考えを深め、課題を解決するための授業を実施している。大学教授など外部講師を招いて教諭自身が授業のやり方を学ぶことで質の高い授業を作り出している。

27日に行われた5年生の国語の公開授業では、椋鳩十の文章をもとに文章の構成を構造的に把握することを目指し、児童たちが多様な意見や疑問を出し合い、対立しながらも思考を深める授業が実践されていた。

隅内校長は「質の高い授業を作り上げることは簡単ではない。教師が根気のいる努力をし続けることでそれは実現できる」としている。

西多摩新聞　平成21年12月4日号

無限の可能性を引き出す

青梅市立友田小　公開研究会開く

自ら考え学ぶ子ども

青梅市立友田小学校（隅内利之校長）は11月27、28日の両日、「子どもの無限の可能性を引き出し高める授業の創造」をテーマに公開研究会を開いた。

友田小は07年度から「教育ルネッサンス推進プラン3カ年計画」を立て、知識注入型から課題追求型に授業を改善し、自ら考え自ら学ぶ子どもを育てる教育を目標に取り組んできた。

3カ年計画の最終年となる今回の公開研究会では、すべての学級で国語辞書を手にした、課題追求型の国語科の授業が公開された。

表現力向上のために重点的に取り組んできたオペレッタ、総合表現には、全学年が学年単位で発表した。抑揚と張りのある朗読、合唱、きびきびした演技で、鍛えられた身体運動を披露し、見学者の拍手を浴びた。

体育の授業では、集中力・瞬発力・調整力を培うとび箱運動に、全生徒が取り組んだ

隅内校長は「外部講師の指導も受け、教師一人ひとりの授業力は確実に向上した。子どもたちも自ら進んで学習に取り組むようになってきた。学力は以前よりも改善しており、とくに学んだことを応用して活用する能力が向上している」と話し、これからも課題追求型の授業に引き続き取り組んでいくと話した。（浅）

↑表現力を高めるオペレッタの演技

西の風新聞　平成21年12月11号

第111号

12月1日（火） 今日の全校朝会で、私は第二回全国公開教育研究会での子どもたちの素晴らしさを話しました。そして、無限の可能性について話しました。全国から来校された参観者の感想文を紹介し、参観された方々が感動されたことも話しました。そして最後に私から心をこめて「ありがとう」の言葉を贈りました。

12月2日（水） 避難訓練がありました。午後7時よりPTA役員会が開かれ午後7時30分よりPTA運営委員会が開かれました。PTA役員運営委員の皆様ご苦労様でした。運営委員会の内容につきましては、運営委員会だよりをご覧ください。

1・2年生保護者会（12月1日）、3・4年生保護者会（12月3日）5・6年生保護者会（12月4日）がありました。各保護者会で私は第二回全国公開教育研究会での子どもたちの素晴らしさ、学習の転移について（本校で重点的に取り組んでいる学習は他の学習の力も押し上げていること）、インフルエンザに伴う授業時数確保の対応について話しました。

12月5日（土） 友田小教育ルネッサンス発表会がありました。400名以上の保護者の皆様が来校されました。発表した内容は、1年生から6年生までの体育のとび箱運動、オペレッタ・総合表現、合唱です。子どもたちは公開教育研究会で発表したものを、気持ちを新たにして保護者の皆様の前で発表しました。第二回公開教育研究会同様、素晴らしいできばえでした。（インフルエンザのため当初11月14日に予定していた発表会です。やむをえず12月5日に変更しましたが、友田保育園の発表会と重なってしまいました。児童鑑賞日や公開教育研究会にもご覧いただけるよう配慮しましたが、ご迷惑をおかけしましたこと心よりお詫び申し上げます。）

12月10日（木） 6年生の社会科見学がありました。見学場所は、国会と皇居、江戸東京博物館です。第2回のさわやか相談会を開催しました。さわやか相談会は、特別支援教育のことについて気軽に相談する会です。学期に1回ずつ開催しています。次回は3学期の2月5日（金）を予定しております。

12月14日（月） 児童会の子どもたちが友田小学校の児童から寄付されたタオルを持って聖明園を訪問しました。

12月15日（火） 5年生の社会科見学がありました。見学場所は、日野自動車羽村工場とサントリー武蔵野ビール工場です。午後7時より今年度第2回目の学校運営連絡協議会が開かれました。第二回全国公開教育研究会の様子、本校の校内研究や2学期の行事、子どもたちの様子について話し合われました。

第112号

1月7日（木） 今日から3学期が始まりました。始業式は体育館で行いました。2学期の終業式のときに、「1月7日にみんなが元気で始業式に来てください」と話しました。私の願いどおり、今日子どもたちは元気に始業式を迎えました。始業式では、「3学期は短い学期ですが、一人ひとりがしっかりとした目標を持って過ごすことが大切です。6年生は卒業に向けて一日一日を大事にしてほしいです。3学期は短いですが、6年生はこの短い期間でまたぐっと成長するのです。この3学期そんな6年生から、5年生が友田小学校を受け継ぐために学んでください。1年生から4年生までも6年生の素晴らしいところから、学んでください」と話しました。体育館は、寒かったですが全員が集中して私の話を聴いていました。次に児童を代表して4年生のYM君とTD君がしっかりとした口調でそれぞれの目標を話しました。代表の子の話を聴いて、目標をすでに立てた子どもは自分の目標と比較したでしょうし、まだの子どもは自分の目標をしっかりと立てようと思ったことでしょう。

1月8日（金）「PTA新年親子の集い『どんと焼き』」が1月10日（日）に行われます。毎年、村野さん、輪千さんにお出でいただき、3年生が繭玉を作っています。友田小学校の地域は、昔は養蚕と織物が盛んな地域でした。友田小学校のシンボルツリーが桑の木であるのもそこから来ています。繭玉を作り、それを梅の木の枝にさし、1年の無病息災を願ったのです。3年生が作った繭玉は、PTA新年親子の集い「どんと焼き」のときに飾られます。また、その後の1週間、児童の玄関と職員玄関の両方に飾りました。

1月9日（土）「どんと焼き」の準備のため、PTAの役員さん、運営委員さん、サポーターのお父さん、実行委員の5・6年生の子どもたち、本校の職員が大勢来校しました。午前中は役員のお父さんとサポータのお父さん、本校の職員でやぐらの準備です。やぐらの準備には、竹を切りに行ったり、切った竹でやぐらを組み立てたりします。やぐらができたところで、松の枝をぎゅうぎゅうに詰めます。やぐらは大人やぐらと子どもやぐらがあります。子どものやぐらは、サポーターお父さんや先生に手伝ってもらい、5・6年の実行委員を希望した子どもたちが作ります。午後からは、子どもやぐらをつくりました。学年委員さんは、明日の餅つきの準備を家庭科室で役員のお母さんと一緒に働きました。子どもたちの実行委員でもち米とぎを希望した子どもは家庭科室で働きました。校外委員さんはテント設営です。

1月10日（日）いよいよ今日が、「PTA新年親子の集い『どんと焼き』」の日です。天気は快晴で風もありません。最高の天気です。11時の開会に合わせて朝8時から準備開始です。PTAの役員さん、運営委員さん、本校の教職員とそれぞれの持ち場で準備しました、開始時刻の11

時には、来賓の皆様、本校の子どもたち、保護者、地域の皆様が400名以上集まりました。PTAの最大イベントであると同時に、地域の新しい年の行事としても根付いています。PTA会長の和田さんから「みなさん、元気ですか！」と威勢のいい挨拶があり、副会長の奈良橋さんから繭玉の由来についての説明がありました。その次に、実行委員の子どもたちの火矢による点火です。私は勢い良く燃えるやぐらの火に今年一年の友田小学校の子どもたちの無病息災を願いました。

第113号

1月12日（火） 全校朝会では、10日（日）に行われた「PTA新年親子の集い『どんと焼き』」が行われて、子どもたち、保護者、地域の方々が400名以上来たこと、実行委員として、5年生・6年生が活躍したことを話しました。それから8日（金）には、繭玉をWAさん、MAさんのご指導のもと3年生が作ったこと、友田小学校の学区は、昔は養蚕が盛んで繭玉を作る風習がありそれが伝わったことを話しました。新しい年に無病息災を願って行うものであることも話しました。今日から給食も始まりました。

1月13日（水） 3学期最初の夕やけランド友田小がありました。夕やけランドですが、どんどん申込者が増加し、現在150名以上の子どもたちが登録しています。随時参加者は受け付けておりますが、申込書を提出しませんと参加することはできません。申込書は担任の先生に保護者の皆様より申し出てください。

1月14日（木） 1年1組と2年1組の生活科の合同授業でおにぎりパーティーを行いました。この授業は、SIさんの田んぼをお借りして収穫したお米を使い、1年生と2年生が協力しておにぎりを作りともに収穫を祝う活動です。1年生と2年生が協力しておいしい　おにぎりができました。

今学期最初の桑の木っ子ルームがありました。桑の木っ子ルームは自主学習教室としてすっかり定着しました。学校では毎回複数の指導員を配置しております。

1月15日（金） 東京都が実施する「基礎的・基本的な事項に関する調査及び意識調査」を4年生で行いました。4年生の教室では、子どもたちが集中して問題に取り組んでいました。

今日のおにぎりパーティーは1年2組と2年2組です。今日も1年生と2年生が協力して、おいしいおにぎりができ、楽しいおにぎりパーティーになりました。

一生懸命おにぎりを作る

○青梅市教育研究発表会に友田小学校が発表します！

友田小学校では、私が赴任した平成19年度より、毎年、本校の校内研究の成果を青梅市の教育研究発表会で発表しております。今年度、第二回全国公開教育研究会に向けて、友田小学校は研究を積み重ねてきました。第二回全国公開教育研究会（11月27日・28日実施）では、延べ人数350名以上の教育関係者の方々が青梅市を含め全国から来校されました。校長通信でも参観された方々の感想を一部紹介しましたが、子どもが晴れの舞台で素晴らしい力を発揮しました。友田小学校では公開教育研究会は終わりましたが、研究に終わりはないと考えております。子どもの学力向上は、教師の授業力向上にかかっております。本校の教師は、校長の学校経営方針である「子どもの無限の可能性を引き出し高める授業の創造」を研究主題とし、それを受けて一人ひとりが、個人研究主題を設定し一年間研究を続けています。研究成果を校内研究部がまとめて今回発表いたします。平日であり、お忙しいことと存じますが、ご参加くだされば幸いです。教育委員会よりの案内を本日配布いたしました。皆様のご来場をお待ちしております。

第114号

1月18日（月） 全校朝会では、校長先生の目標いついて話しました。校長先生の目標というのは、5つあります。「①集中する　②発見掃除・無言清掃　③学んだことは記録する　④きれいな音で学校中を満たそう　⑤自覚をもって行動しよう」この5つです。この目標は、4月から一つずつ取り組んできたものです。大事なことは何回も繰り返すことによって身に付いてくるものです。次に「6年生はもう少しで卒業ですが、3学期に一段と成長するのです。その6年生から1年生から5年生までのみなさんが、たくさんのことを学んでほしいと思います」という話をしました。6年生から学ぶことです。それに関連して、サッカーボールをていねいに置いていた6年生の話をしました。最後までていねいにすることが大事です。

1月19日（火） 避難訓練がありました。今回の避難訓練は地震です。一人もおしゃべりをせず整然と避難する姿は圧巻です。子どもたちが育っている証拠です。私は、最初に、子どもたちの避難する様子をほめました。次に地震はいつ起こるかわからないこと、最近もハイチで大きな地震があったこと、1995年1月17日に阪神淡路大震災あったことを話し、少し難しい話になり

非常階段を整然と避難する

ますが、大陸はプレートというところにのっていて、大陸がいくつもあるようにプレートはいくつもあり、日本はそのプレートとプレートがぶつかっているところにあることを話しました。

1月20日（水） 夕やけランド友田小がありました。前回も書きましたが、子どもたちは夕やけランドをとても楽しみにしております。コーディネーターのＮＩさんをはじめスタッフの皆さんが子どもたちの面倒を本当に良く見てくださいます。

午後から先生方は市内一斉の教育研究会です。青梅市では、教師の授業力向上のため、教育研究会を実施しております。先生方は、国語・算数・理科・社会など全部で17の部会に分かれて所属し、年間8回の研究会を行っております。

1月21日（木） 友田集会がありました。子どもたちは、班ごとに本当に楽しそうに遊んでおります。友田集会は縦割り単位で行い、6年生が中心になり、班で仲良く思い思いに遊ぶ時間です。異年齢集団で遊ぶという時間は最近少なくなってきました。友田小学校では、年間10回以上その時間を作り実施しております。

午後7時30分よりＰＴＡの推薦委員会が開かれました。ＳＩ委員長さんを中心に推薦委員さんが集まり開かれています。推薦委員会は、次年度のＰＴＡの本部役員さんを選出する大切な仕事しています。保護者の皆様のご協力を是非お願いいたします。

コラム51　スローリーディングの実践

本年度三回目の読書週間が１月19日より始まりました。現代は忙しい時代ですので、速読と言って本を早く読む技術がもてはやされています。情報を得るというのであればそれもいいのですが、小説など文章を味わって考え感じながら読むということになると、いささか事情は違ってきます。

「人間は考える葦である」とはフランスの哲学者パンセの言葉です。考える読書、思考する読書は、やはりゆっくりと読むということになります。それがスローリーディングです。

スローリーディングとは、１冊の本にできるだけ時間をかけゆっくりと読む読書です。そのほうが、10冊を速読するよりずっと有益です。ゆっくり読むことはたとえてみれば自動車に乗らず徒歩で歩くことに似ています。自動車では見えなかった風景が、歩くことによって見えてきます。道端の花の美しさが見え、鳥の声も聞こえてきます。それと同じようにゆっくりと読むことによって見えてくるものが多いのです。

本校では課題追求型授業を国語科をとおして研究していますが、それはスローリーディングにつながるものです。

第115号

1月25日（月） 3月のマラソン大会に向けて、体育の時間に各学年クラスでマラソンコースを走っています。さらに朝や休み時間に自主的に校庭を走っている姿が見られます。全校朝会で私は一つのことを続ける大切さについて次のような話をしました。

「私が学級担任だった頃、毎朝子どもと校庭を5周（1キロ）走っていたこと、そして私の教え子の中に小田君がいて、小田君は朝マラソンを一日も休まず走り、小学校を卒業してからも後、ずっとマラソンをやめないで続けて走り、大学では箱根駅伝に出場しました。その小田君が先日私に会いに来て、『ぼくが、今までマラソンを続けられたのは、小学校時代にマラソンを先生と一緒に走ったからです。今度の東京マラソンにもエントリーしています』と話していたこと、一つのことを続けることが自分の可能性を開くことになります」。

1月26日（火） 今週からさわやか元気隊の挨拶運動が始まりました。縦割り班ごとに2日ずつ行います。時間は午前7時55分から8時5分の10分間です。学期に1回ずつ実施しているのですが、今年の2学期はインフルエンザの関係で取り止めました。3学期はインフルエンザの流行も

課題について自分の考えをはっきりと述べている５年生の子どもたち

真剣に学習に取り組む１年生

なく予定どおり実施します。挨拶は心と心をつなぐものです。しつけは基本的には家庭で行うものです。挨拶はご家庭でも行われていると思いますが、子ども時代に是非身に付けておきたい習慣です。友田小学校には、元気に挨拶をする子どもたちが大勢います。

1月27日（水） 東京都教育委員会の学校訪問がありました。来校されましたのは、東京都教育委員会多摩教育事務所の指導主事のTA先生、NI先生、NA先生、青梅市教育委員会指導主事のMO先生の4名の指導主事の方々です。2校時は私と市川副校長とで友田小学校の教育について説明をし、3校時・4校時に全学年組の国語の授業（専科の先生はその教科の授業）を参観していただき、5校時は5年2組の佐藤学級で研究授業を行いました。指導主事の先生方からは、子どもが明るくて素直であること、どのクラスも集中して授業に取り組んでいたこと等、お褒めの言葉をいただきました。公開教育研究会に向けて本校が取り組んできた課題追求授業型授業、表現活動（オペレッタ・合唱）、体育の跳び箱運動を追求してきた成果が出ているものと考えます。後日、指導主事のＮＩ先生から、「先生方お一人おひとりが御自分の課題追求に向けて努力を続けていらっしゃる姿に大いに学ばせていただきました」とのお手紙をいただきました。ありがたいことです。

1月28日（木） 読書集会がありました。この読書週間の間に各学年の課題図書を8冊以上読んだ子どもたちの名前を図書委員会の子どもたちが紹介しました。また、人気のあった本も紹介しました。読書週間は終わりますが、本を読む習慣はこれからも継続的に付けていきたい力です。

コラム52　辞書を引く習慣の効用

本校では、青梅市の予算で国語辞典を子どもたち一人ひとり全員に持たせています。私たちは、日常使っている言葉に対してわかっているつもりでも案外知らないものです。たとえば、「うれしい」という言葉がありますが、国語辞典を引いてみますと「願いが叶うこと」と出ています。

「僕は、お父さんからスパイクシューズをプレゼントされて、うれしかった」という文があります。僕の願いは、スパイクシューズがほしいということです。その願いが叶ってうれしかったのです。

また、「思う」と「考える」という言葉があります。この二つの言葉は対象への精神作用を表す動詞の代表です。辞書を引くと詳しい説明が出ていますが、それを少し整理してみますと以下のようになります。

「大学を受験してみようと思う」では、どの大学を受験しようかを考えるのでなく漠然と大学を受験しようと心を動かしている状態です。

「大学を受験してみようと考える」では、どの大学を受験するかとか、なぜ大学を受験するのかとか精神の思考過程や判断が含まれます。

このように、辞書を引くことで言葉の世界が広がり、イメージに変化が起こります。子どもたちはより深い読解ができることになるのです。何事にも深く考える思考力が身に付きます。

第116号

1月30日（土） 青梅市の造形作品展がありました。私は午後から用事がありましたので、午前中に、河辺市民センターに行き友田小学校をはじめ青梅市の全小学校の作品を鑑賞しました。私が子どもの作品を見る視点は次の2点です。①ていねいさ②子どもが出ている（子どもが自分を表現している。）一般的にいう上手下手ではありません。

2月1日（月） 今日の全校朝会では、造形作品展のこと、読書週間に課題図書をたくさん読んだこと、そして本の読み方について話しました。特に本の読み方では、一冊の本をゆっくりとていねいに読むことと何回も繰り返して読むことの大切さについて話しました。

2月3日（水） 青梅市小学校の教育研究発表会が霞共益会館で行われました。前号でも書きましたように、この教育研究発表会は青梅市の全小学校の教員が一堂に会し勉強する会です。そこで3年連続友田小学校は研究発表しました。平成19年度は口頭発表、20年度は誌上発表、21年度は口頭発表です。発表することは労力のいることですが、こうして発表することで、友田小学校の先生方は授業力を向上させます。授業力の向上は、子どもたちの学力向上につながるのです。

6年生が中心となりみんなで楽しく遊ぶ子どもたち

発表した内容は、本校が研究している国語科を中心とした課題追求型学習の方法と表現活動（オペレッタ及び合唱）と体育のとび箱運動です。20分という限られた時間でしたが、本校の内容の一端を青梅市内の教育関係者の皆様に知らせることができました。最後に講評いただきました多摩教育事務所主任指導主事のKO先生より、価値ある研究であるとお褒めの言葉をいただきました。

2月4日（木） 友田集会がありました。今日は各班が6年生を中心に教室での遊びを工夫し、思い思いに楽しみました。昔のように子どもたちが群れて遊ぶという姿は現在では見られません。同学年の子ども同士は遊ぶのですが、異年齢ではなかなか遊ぶことはありません。そういう意味でこうして異年齢集団で遊びながら交流を深めることは大事なことです。私は全部の教室を回ってみましたがどの班の子どもたちも仲良く楽しそうに遊んでいました。

岡野教諭が教師道場の実践を発表しました。教師道場とは、教師経験5年目以上の教師を対象として各教科に全都の希望の先生方を集めて授業力の向上をめざしてグループを編成し一年間研究する東京都の制度です。

岡野教諭は、20年度・21年度と東京都の教師道場の部員として体育科の研究を続けてきました。こうして自ら学ぶことで教師は授業力をつけるのです。5時間目に体育の研究授業を行いました。私の授業の印象は、一言で言うと、子どもたちが自覚を持ち授業に取り組んでいたことでした。2年生の子どもたちが先生の助けを借りず自分たちで良く行動していました。授業後の研究会では、活発な議論が交わされました。講師には青梅市立第六小学校の校長先生である佐藤先生に来ていただき、有意義なご指導をいただきました。

真剣に授業に取り組む２年生

2月5日（金） さわやか元気隊の活動が続いています。「おはようございます」「おはようございます」と大きな声が響きます。しかし、大きな声で挨拶するのは結構大変なことです。どうしても恥ずかしくて小さな声になってしまう子もいます。自分を変えるのはそんなに簡単なことではないのです。そんな子どもたちもさわやか元気隊の活動を行うことによって少しずつ変わっていってくれています。

コラム53　言い訳をしないこと

言い訳をしないということはそうそう簡単なことではありません。たとえば、元旦に今年こそは日記を毎日書こうという目標を立てたとします。しかし、長続きする人は少ないと思います。どうして長続きしないのでしょうか。それは、言い訳をしてしまうからです。、今日は忙しいから休もうとか、疲れたから一日ぐらい休んでもいいだろうとか、いろいろな言い訳をしてしまいできなくなるのです。

「幸福論」で有名なスイスの学者のカール・ヒルティは、仕事をする技術として、「とにかくやる」「すぐはじめる」「先延ばしにしない」として言い訳をしないことを挙げています。言い訳をしないことは最初はエネルギーのいることかもしれませんが繰り返していれば、それが習慣化します。

第117号

2月8日（月） 今日の全校朝会では、展覧会について私は次のような話をしました。「展覧会で私が見ることは、1番目に作品をていねいに仕上げているかどうかということです。2番目に自分の発見や表現が出ているかということです」

私は、図画工作の子どもの作品を見るときいつもこの視点で見ますし、学級担任のときはこの視点で指導してきました。どんな仕事でもていねいさが一番大切です。いい加減なものは評価されません。真剣に取り組めば、自分の発見や表現は必ずあるはずです。

今年度28回目の校内研究会があり、宮坂先生・戸田先生が来校されました。今回は3年生・5年生・6年生の国語の授業の巡回指導をしていただきました。講師の先生より、先生方の授業力、子どもたちの学習力が確実に高まっているとお褒めの言葉をいただきました。

＊著者補足説明　前にも書きましたが、介入授業という言葉は、このことを知らない人は、誤解する傾向にありますので校長通信では巡回指導という言葉を使っております。

5時間目には、5年生で児童・生徒の学習に対する意識調査が行われました。

体育館で児童の作品を
じっくり鑑賞する保護者の皆様

2月9日（火）　4年生の社会科見学があり、都庁、平和祈念資料館、葛西臨海水族園に行きました。引率は私と担任の門脇教諭、中田教諭、専科よりYA教諭です。今日はこのところの寒さがうそのように天気も良く温かい一日でした。子どもたちの学習態度は素晴らしく、班でしっかり行動できていました。

午後、6年生は担任の久末先生・樋口先生と一緒に第二中学校を訪問しました。後日第二中学校の小林校長先生から、とても立派な態度だったとお褒めの言葉をいただきました。

2月10日（水）　展覧会のための前日準備がありました。5・6年生が一生懸命働いてくれました。自分から働く姿が見られ、子どもたちの成長を感じます。

2月12日（金）　展覧会第1日目です。午前中は児童鑑賞の時間です。子どもたちは真剣に全校の作品を鑑賞していました。記録用紙を持ちながら、作品の良いところを発見しようとしている姿が随所に見られました。

2月13日（土）　展覧会第2日目です。学校公開日でもありました。保護者の皆様が400名以上来校されました。3時間目には学校経営報告会を行いました。報告会では、パワーポイントを使い、年度初めに示した学校経営方針がいかに実現しているかをお話ししました。第二回全国公開教育研究会のこと、課題追求型授業、表現活動・体育（マット跳び箱）全校辞書引き等様々な活動の中で子どもたちの学力（学びとる力）が向上していることを報告しました。

第118号

2月15日（月） 今日は展覧会の振替休業日です。私は初任者の3名の先生方と一緒に埼玉県の川口市立芝樋ノ爪小学校に授業の勉強に行って来ました。この学校には高崎先生という素晴らしい授業者の先生がいます。その高崎先生の指導からたくさんのことを学ぶことができました。これからの授業にきっと生かすことができます。

2月16日（火） 第29回目の校内研究会があり、宮坂先生・戸田先生が来校されました。今回は、1年生・2年生・4年生・5年生の国語の授業の巡回指導をしていただきました。前回同様、先生方の授業力の向上、子どもたちの学習力の向上についてお褒めの言葉をいただきました。

2月17日（水） 6年生の総合的な学習の時間の授業で、元青年海外協力隊員の川口純先生（筑波大学）に来校いただき、アフリカのマラウイ共和国について勉強しました。川口先生には平成19年度より本校に来ていただいております。国際理解の学習は、将来子どもたちが大人になったとき必ず必要になる学習です。特にアフリカの様子は直に聞くことはなかなかできません。いい勉強ができました。授業後、川口さんから、子どもたちの学習態度が素晴らしいとお褒めの言葉をいただきました。川口先生は、20日よりＪＡＣＡのお仕事で、アフリカのニジェールとチュニジアに行かれるそうです。ニジェールは南半球にありますので今が夏です。日中は50度にもなるそうです。

2月18日（木） 大島町立さくら小学校に校内研究の講師としていきました。大島町立さくら小学校は、三校が合併して平成17年度に開校した新しい学校です。校舎は全部木造です。児童数は１３６名で６学級です。さくら小の子どもたちは友田小の子どもたちと同じように、元気で明るくあいさつも良くできます。守屋校長先生をはじめ教職員の皆様と子どもたちから大歓迎をうけました。さくら小は校内研究で生活科と総合的な学習の時間について研究しています。

2月19日（金） ルネッサンスタイムでは、卒業式で歌う「一つのこと」の練習をしました。午後7時より今年度第3回目の学校運営連絡協議会が開かれました。今回は学校評価シートをもとに、委員さんに学校評価をしていただきました。

第119号

2月22日（月） 6年生の全校朝会での立ち方が美しいです。胸を高くし、背筋をスッと伸ばして立っている姿から、1年生から5年生は学びます。卒業までどんどん6年生から学んでほしいです。

2月23日（火） 友田小学校では、学期ごとに挨拶の励行めざして、縦割り班の3年生以上の子ども達がさわやか元気隊となり挨拶運動を展開しています。さわやか元気隊の活動は地味ですが、大切な活動です。挨拶は、心と心を結ぶ大切な言葉です。小学生のときから身に付けておけば、大人になって社会人となったとききっと役立ちます。笑顔の挨拶がものを言います。

2月24日（水） 友田保育園の子どもたち16名が、本橋園長先生、担任の先生に引率されて、来校しました。しっかり挨拶ができ、話の聞き方も上手でした。市川副校長先生の案内で、校舎の各部屋と1年生の教室などを訪問しました。

2月25日（木） 6年生を送る会（おおなわ大会）が行われました。1年生から6年生まで縦割り班の子どもたちがチームワークが良く、仲良く取り組んでいる姿が印象的です。6年生にも1

応接室でしっかりとお話しを聞く
友田保育園の子どもたち

年生から5年生にも思い出に残る会になりました。

2月26日（金） 読み聞かせがありました。友田小学校のように読み聞かせのボランティアさんが全学級で読み聞かせをしてくださる学校は中々ありません。学校としましても読み聞かせのボランティアの皆様に心より感謝申し上げます。読み聞かせのボランティアをしてくださる保護者の皆様を募集しております。大勢の保護者の皆様のご応募をお待ちしております。

第120号

3月1日（月）今日の全校朝会は、体育館で行いました。今日から卒業式に向けて歌の練習を行います。卒業式の最後に歌う「一つのこと」の練習をしました。

5年生は3・4時間目に、総合的な学習の時間でわら草履づくりを行いました。指導には、本校の環境ボランティアの白菊会の村野さんをはじめ12名の皆様が来校されました。子どもたちはわら草履を作るのははじめての経験でが、懇切ていねいな指導で少しずつでき上がっていきました。5日に第2回目を予定しています。

3月2日（火）1・2年生のマラソン大会がありました。生憎の天気でしたが子どもたちは元気にがんばりました。

1・2年生の保護者会がありました。私は各クラスで一年間のお礼と次年度のことについて話しました。

3月3日（水）午後、教職員と6年生でお別れ球技大会が行われました。各チームに分かれてビーチバレーを行いました。会の運営は全部6年生が行いました。和気藹々と楽しい時間を過ごすことができました。6年生にはきっと思い出に残る大会となったことでしょう。

3月4日（木） 3・4年生のマラソン大会がありました。3・4年生は学校の周回コースを4周します。どの子も自分の力を精いっぱい出し切りました。子どもが一生懸命走っている姿は感動的です。

3・4年生の保護者会がありました。私は1・2年生のときと同じように、一年間のお礼と次年度のことについて話しました。

3月5日（金） 今年度の読み聞かせは今日で最後です。読み聞かせのボランティアの皆さん本当にありがとうございました。おかげさまで子どもたちは読書が大好きです。来年度もよろしくお願いします。

今日は気温が20度にもなりいいお天気です。1・2年生は3時間目にヤマメの放流を行いました。今日は暖かくとてもすがすがしい日です。多摩川には、青梅市の水と緑のふれあい事業団の方が奥多摩で育てたヤマメの稚魚を700匹も持って来て子どもたちを待っていてくれました。

子どもたちはヤマメの卵をもらい家の冷蔵庫で育てていました。無事ヤマメが3月まで育った子どもたちは、ヤマメが入った瓶を持っていました。最初に自分で育てたヤマメを川に放流しました。次に一人ひとりがヤマメの稚魚を分けてもらい放流しました。子どもたちは口々に「大きく元気に育ってね、ヤマメさん！」と言いながら放流しました。

3・4時間目は、5年生がわら草履づくりです。白菊会の皆様ありがとうございます。

昼食の時間は環境ボランティアさんや安全安心ボランティアさんを招待しての会食会が3・4年生の教室で行われました。子どもたちはボランティアの皆様とお話をしたり楽しい時間を過ごしました。

午後の5時間目に5・6年生のマラソン大会が行われました。高学年になるとスピードが違います。5・6年の保護者会がありました。私は一年間のお礼と次年度のことについて話しました。

3月7日（日）福生市民会館で多摩子ども詩集に入選した子どもが大勢出席して多摩子ども詩集の会が行われました。友田小学校の子達も入選者11名佳作者12名とたくさんの子どもたちが素晴らしい作品を書きました。友田小学校では今年度から文集「くわのき」を詩集「くわのき」として発行します。詩は心の歌です。感性が磨かれます。保護者の皆様の手元にもう少しで届きます。

第121号

3月8日（月）全校朝会では、「あと2週間で今年度も終わりになりますが、最後の最後まで学ぶことが大切です」と子どもたちに話しました。その後は、多摩子ども詩集の入賞者及び佳作者、都の展覧会の出品者を紹介しました。朝会が終わり卒業式の歌の練習をしました。

保護者や教職員に感謝の気持ちを込めて花束を渡しました。

6年生の演奏はリズムが合っていて素晴らしい演奏でした。在校生からアンコールの拍手が起こりました。3月10日（水）朝、体育館で6年生が卒業を祝う会で演奏する曲を全校の前で演奏しました。曲は「はるか」と「スパイ大作戦」の2曲です。

卒業を祝う会が午後2時より体育館で行われました。祝う会の内容は子どもたちの出し物あり、子どもたちの演奏あり、保護者の合唱ありとバラエティーに富んでいました。6年ＰＴＡの卒業対策委員さんを中心に企画立案から当日まで本当にご苦労様でした。子どもたちがお世話になり、異動されたり退職された先生方が大勢お出でになりました。前校長の粟田先生、1年生の担任だった中川原先生、3年生の担任だった植木先生、4年生の担任だった藤本先生です。先生方お一人おひとりからお話を伺いました。

また本校教員では、2年生のとき担任した岡野先生、4年生のとき担任した須藤先生が話しました。3月12日（金）2時間続きの卒業式の練習がありました。式次第に沿い卒業証書授与の練習や卒業生と在校生で創る「旅立ち」の練習が行われました。卒業式は、6年生にとっては最後の授業です。全校が一つとなり素晴らしい最高の卒業式になるようにしたいです。本校の子どもたちの姿は集中力があり最高です。

第122号

3月15日（月） 今年度最後の全校朝会を体育館で行いました。「一人ひとりには無限の可能性がありますが、何もしなければその可能性は花開くことはありません。皆さんは一人ひとりがそれぞれに努力し、可能性が花開いたはずです。自分の一年間の成長を見つめてください」と私は一年間の一人ひとりの成長について話しました。

3月17日（水） 夕やけランド友田小の今日が今年度の最終日です。生憎体育館は、卒業式の準備がしてありますので、校庭と図書室で行いました42名の子どもたちが参加しました。来年度は、4月21日から始める予定です。詳しくは新年度になりましたらご連絡いたします。

3月23日（火） 今日は卒業式の予行練習です。今までで一番のものを全校の子どもたちが出してくれました。明日の卒業式が楽しみです。

卒業式の練習でひな壇にすっと立つ、
在校生の憧れの６年生

ミミコの独立

山之口　貘

とうちゃんのげたなんか
はくんじゃないぞ
ぼくはその場を見て言ったが
とうちゃんのなんか
はかないよ
とうちゃんのかんこをかりてって
ミミコのかんこ
はくんだ　と言うのだ
こんな理屈をこねてみせながら
ミミコは小さなそのあんよで
まな板みたいなげたをひきずって行った
土間の片すみの
かますの上に
赤い鼻緒の
赤いかんこが
かぼちゃと並んで待っていた

私は6年生と授業をしました。友田小校長1年目に「ミミコの独立」の授業をし、2年目は漢詩の「偶成」の授業をしました。今年度は再び「ミミコの独立」の授業を行いました。私はこの詩で子どもたちが「子どもの成長を喜んでいる親の姿が読み取れる」ことを願っています。子どもたちの成長を周りのみんなが喜んでいるんだということを、小学校を巣立つ6年生の子どもたちに是非感じ取らせたいのです。

授業後の子どもたちの感想をいくつか載せておきます。

①この詩は初め良く分かりませんでした。でも校長先生と勉強していくうちに分かってきました。わたしは独立という言葉が印象に残っています。

②私たちは小学校を卒業します。校長先生とこの詩を勉強して、両親が自分の成長を喜んでいる気持ちが分かりました。

③この詩を校長先生から渡された時、作者が何を言いたいのかわかりませんでした。ミミコって、独立って。勉強していくうちにわかってきました。

筆者注　この「ミミコの独立」という詩は、私が初任者で赴任しました瑞穂三小で、講師の横須賀薫先生が6年生に授業したものです。1時間の授業で父が娘の成長を喜んでいる姿が読み取れる詩であり、授業の組み立てや発問の仕方など多くのことを学ぶことができた詩でした。横須賀先生は教材の選択について、「子どもの成長に応じて教材を選択しなければならない」と話されていたことが今でも印象に残っております。

今年度の校長通信はこれが最終号です。一年間私としては、その時々の学校の行事や子どもたちの様子、私の思いなどを書いてきました。拙い校長通信ですが一年間続けることができましたのは、保護者の皆様の応援のおかげです。心より感謝申し上げます。ありがとうございました。

＊＊＊

友田小学校3年目が終わりました。私は、前任の若草小学校では、学級数も多く教職員も多い中、悪戦苦闘して5年目にやっと全国公開教育研究会を開くことができました。教頭の中嶋幸雄先生は、職員の掌握が上手く、助けられました。浅見僚子教頭先生にも助けられました。友田小学校では校長としての期間が異動させられなければ6年間ありました。今回の「私の学校づくりの記Ⅱ」はその2年目・3年目の記録です。

現在も様々な文科省等からの教育改革が行われています。パソコンやタブレットなどが

ＧＩＧＡ（ギガ）スクール構想により全国の小・中学校に一人一台配布されました。ＩＣＴ教育が普及しております。斎藤喜博先生のもとで活躍された武田常夫先生の著書に『授業に自信がありますか』（明治図書　教育新書　１９８６年）この本が出された当時はパソコンは無く、ＯＨＰやアナライザー程度の教育機器でしたが、教育機器について「教える、という人間臭い行為のなかで、そしてそのことがだいじな行為のなかで、機器を主役にしてはならない。機器に授業の主役をとられてはならない。教えるのはあくまで人間で、機器はその忠実な部下でなくてはならない」と書かれております。当時の教育機器より格段に進歩している現代の教育を予言しているような武田常夫先生の言葉です。

さらに、働き方改革が推進されております。教師が労働時間が多いという理由でブラックと呼ばれています。しかし、教育という仕事は、時間の長さでは測れない仕事です。斎藤喜博先生は、「子どもの可能性を引き出し高めるためには、教師は背骨の曲がるほどの努力をしなければならない。」と書かれています。紙面の都合上これ以上は書けませんが、危機的状況にあることは確かです。このような危機を打開するためには、校長が学校づくりの理想をしっかり持ち、リーダーシップを発揮し、「子どもの無限の可能性を引き出し高める」学校づくりをすることです。学校づくりの道のりは決して平坦ではありません。様々な困難があると思います。「願えば叶う」と言います。私はその願いを叶えました。これは私が瑞穂第三小学校で公開教育研究会を実際に経験したことで具体的なイメージを持てたことが大きいと思います。

あとがき

『わたしの学校づくりの記』（２０２０年12月25日発行）を出版したときに、まさか『わたしの学校づくりの記Ⅱ』を出版するとは思いもよらなかったことです。『わたしの学校づくりの記Ⅱ』では友田小学校での校長としての2年目・3年目をまとめました。

この本は「事実と創造」に掲載された「友田小教育ルネッサンス校長通信」第42号から第122号をまとめたものです。2年目には第一回全国公開教育研究会を実施し、3年目には第二回全国公開教育研究会を行うことができました。公開教育研究会が実施できたのは、講師の宮坂義彦先生、戸田淳子先生、大槻志津江先生のお陰です。心より感謝申し上げます。

さらに本校教職員の協力も欠かせません。特に、市川副校長先生、瑞穂三小で共に実践に励んだ久末先生、門脇先生、西多摩授業の会のメンバーで本校職員の佐藤先生、駒形先生、また、樋口先生をはじめとするベテランの先生方、音楽専科の渡辺先生、若手の先生方、事務室の大澤さん、同じ青梅の校長として応援してくださった仁藤茂則先生、中嶋幸雄先生、西多摩授業の会のメンバー、斎藤先生、松山先生、吉澤先生、松尾先生、加藤先生、木村先生、はじめ西多摩授業の会の皆様、応援ありがとうございます。友田小学校ＰＴＡの清水会長（1年目）、橋本会長（2年目）、和田会長（3年目から6年目）をはじめ、本部役員と会員の皆様、地域の皆様、畑中教育長（当時）、教育委員会の皆様に感謝申し上げます。

私が瑞穂三小で勤務したときの田嶋定雄校長先生（当時）、島田達也教頭先生（当時）、公開教育研究会には毎回足を運んでくださり、応援してくださいました。特に田嶋定雄校長先生との出会いがなければ、私は校長になり学校づくりなどしておりません。田嶋校長先生との出会いが、私の運命を変えたのです。

最後になりますが、くじけそうになる私を、いつも励まし支えてくれました私の妻に感謝いたします。

一莖書房の斎藤草子さんには、私の拙文を「事実と創造」に掲載してくださり、出版に際して大変お世話になりました。ありがとうございました。

＊なお、個人情報の観点からお名前をアルファベットで書かせていただいた方々がおります。ご了解をいただきたいと思います。

月日	学年組授業者等	教科等	単元名等	講師
11 13	4年全	体育	台上前回り	元三重大学 教授　宮坂義彦先生
	5年全		台上頭支持前転	
	6年全		台上腕立て前転	
	1年全		合唱「たんぽぽ」「おもちゃのシンフォニィ」	
	2年全		合唱「機関車の歌」「すずめすずめほしんじょ」	
	3年全		合唱「清水の観音様」「河原」	
	4年全		合唱「梅の花ひらけ」「ます」「五木の子守唄」	
	5年全		合唱「荒城の月」「モルダウの流れ」「ほたるぶくろ」	
	6年全		合唱「流浪の民」「大地讃頌」	
	全校合唱		勝利の行進　ふるさと	
11 19	1年全	音・国	オペレッタ「三枚のおふだ」	元群馬県境小学校 教諭　大槻志津江先生 元長野県伊那市立小学校 校長　戸田淳子先生
	2年全	音・国	オペレッタ「かさじぞう」	
	3年全	総合	オペレッタ「大工と鬼六」	
	4年全	総合	オペレッタ「手ぶくろを買いに」	
	5年全	総合	オペレッタ「あほろくの川だいこ」	
	6年全	総合	総合表現「利根川」	
11 24	1年全	体育	開脚腕立てとび上がりおり	元群馬県境小学校 教諭　大槻志津江先生 元三重大学 教授　宮坂義彦先生 元長野県伊那市立小学校 校長　戸田淳子先生
	2年全		開脚腕立てとび上がりおり	
	3年全		開脚腕立てとびこし	
	4年全		台上前回り	
	5年全		台上頭支持前転	
	6年全		台上腕立て前転	
11 25	1年全	音・国	オペレッタ「三枚のおふだ」	元群馬県境小学校 教諭　大槻志津江先生 元三重大学 教授　宮坂義彦先生 元長野県伊那市立小学校 校長　戸田淳子先生
	2年全	音・国	オペレッタ「かさじぞう」	
	3年全	総合	オペレッタ「大工と鬼六」	
	4年全	総合	オペレッタ「手ぶくろを買いに」	
	5年全	総合	オペレッタ「あほろくの川だいこ」	
	6年全	総合	総合表現「利根川」	
11 26	1年全	音楽	合唱「たんぽぽ」「おもちゃのシンフォニィ」	元群馬県境小学校 教諭　大槻志津江先生 元三重大学 教授　宮坂義彦先生 元長野県伊那市立小学校 校長　戸田淳子先生
	2年全	音楽	合唱「機関車の歌」「すずめすずめほしんじょ」	
	3年全	音楽	合唱「清水の観音様」「河原」	
	4年全	音楽	合唱「梅の花ひらけ」「ます」「五木の子守唄」	
	5年全	音楽	合唱「荒城の月」「モルダウの流れ」「ほたるぶくろ」	
	6年全	音楽	合唱「流浪の民」「大地讃頌」	
	全校合唱	音楽	勝利の行進　ふるさと	

月日	学年組授業者等	教科等	単元名等	講師
11 5	1年全	音･国	オペレッタ「三枚のおふだ」	元群馬県境小学校
	2年全	音･国	オペレッタ「かさじぞう」	教諭　大槻志津江先生
	3年全	総合	オペレッタ「大工と鬼六」	元三重大学
	4年全	総合	オペレッタ「手ぶくろを買いに」	教授　宮坂義彦先生
	5年全	総合	オペレッタ「あほろくの川だいこ」	元長野県伊那市立小学校
	6年全	総合	総合表現「利根川」	校長　戸田淳子先生
11 6	1年全	音楽	合唱「たんぽぽ」「おもちゃのシンフォニィ」	元三重大学　教授　宮坂義彦先生
	2年全	音楽	合唱「機関車の歌」「すずめすずめほしんじょ」	
	3年全	音楽	合唱「清水の観音様」「河原」	
	4年全	音楽	合唱「梅の花ひらけ」「ます」「五木の子守唄」	
	5年全	音楽	合唱「荒城の月」「モルダウの流れ」「ほたるぶくろ」	
	6年全	音楽	合唱「流浪の民」「大地讃頌」	
	3年全	体育	開脚腕立てとびこし	
	4－2　門脇敏治	国語	ごんぎつね	
	6－2　樋口純子	国語	海のいのち	
11 9	1－1　髙瀬由子	国語	たぬきの糸車	元三重大学　教授　宮坂義彦先生
	1－2　須藤愛美		たぬきの糸車	
	2－1　岡野厚実		お手紙	
	2－2　高野理佳		お手紙	
	3－1　阪上智美		モチモチの木	
	3－2　森田千草		モチモチの木	
	4－1　中田会美		ごんぎつね	
	5－1　駒形真央		大造じいさんとがん	
	5－2　佐藤栄太郎		大造じいさんとがん	
	6－1　久末　誠		海の命	
	6－2　樋口純子		海の命	
11 12	1年全	音･国	オペレッタ「三枚のおふだ」	元群馬県境小学校
	2年全	音･国	オペレッタ「かさじぞう」	教諭　大槻志津江先生
	3年全	総合	オペレッタ「大工と鬼六」	元三重大学
	4年全	総合	オペレッタ「手ぶくろを買いに」	教授　宮坂義彦先生
	5年全	総合	オペレッタ「あほろくの川だいこ」	元長野県伊那市立小学校
	6年全	総合	総合表現「利根川」	校長　戸田淳子先生
11 13	1年全	体育	開脚腕立てとび上がりおり	元三重大学　教授　宮坂義彦先生
	2年全		開脚腕立てとび上がりおり	
	3年全		開脚腕立てとびこし	

月日	学年組授業者等	教科等	単元名等	講師
9 15	1－1　高瀬由子 2－1　岡野厚実 2－2　高野理佳 3－1　阪上智美 3－2　森田千草 4－1　門脇敏治 4－2　中田会美 6－2　樋口純子	国語	くじらぐも サンゴの海の生きものたち サンゴの海の生きものたち モチモチの木 モチモチの木 手ぶくろを買いに 手ぶくろを買いに 海の命	元三重大学 教授　宮坂義彦先生 元長野県伊那市立小学校 校長　戸田淳子先生
9 16	1－2　須藤愛美 5－1　駒形真央 5－2　佐藤栄太郎 6－1　久末　誠	国語	くじらぐも（提案授業） 大造じいさんとがん 大造じいさんとがん 海の命	元三重大学 教授　宮坂義彦先生 元長野県伊那市立小学校 校長　戸田淳子先生
10 16	3－1　阪上智美 3－2　森田千草 4－1　中田会美 5－1　駒形真央 5－2　佐藤栄太郎	国語	モチモチの木 モチモチの木 ごんぎつね 大造じいさんとがん 大造じいさんとがん（提案授業）	本校校長　隅内利之
10 23	1年全 2年全 3年全 4年全 5年全 6年全	音･国 音･国 総合 総合 総合 総合	オペレッタ「三枚のおふだ」 オペレッタ「かさじぞう」 オペレッタ「大工と鬼六」 オペレッタ「手ぶくろを買いに」 オペレッタ「あほろくの川だいこ」 総合表現「利根川」	元三重大学 教授　宮坂義彦先生 元長野県伊那市立小学校 校　長　戸田淳子先生
10 26	1年全 2年全 3年全 4年全 5年全 6年全	音･国 音･国 総合 総合 総合 総合	オペレッタ「三枚のおふだ」 オペレッタ「かさじぞう」 オペレッタ「大工と鬼六」 オペレッタ「手ぶくろを買いに」 オペレッタ「あほろくの川だいこ」 総合表現「利根川」	元群馬県境小学校 教諭　大槻志津江先生 元三重大学 教授　宮坂義彦先生 元長野県伊那市立小学校 校長　戸田淳子先生
10 28	1年全 2年全 3年全 4年全 5年全 6年全	体育	開脚腕立てとび上がりおり 閉脚腕立てとび上がりおり 開脚腕立てとびこし 台上前回り 台上頭支持前転 腕立て台上前転	元三重大学 教授　宮坂義彦先生

月日	学年組授業者等	教科等	単元名等	講師
6 24	1年全 3年全 6年全 6年全	音·国 総合 総合 体育	オペレッタ「三枚のおふだ」 オペレッタ「大工と鬼六」 総合表現「利根川」 台上腕立て前転	元三重大学 教授　宮坂義彦先生 元長野県伊那市立小学校 校長　戸田淳子先生
6 29	1－1　髙瀬由子 1－2　須藤愛美 2－2　高野理佳 3－1　阪上智美 3－2　森田千草 4－1　中田会美 4－2　門脇敏治 2年全 3年全 4年全	国語 国語 国語 国語 国語 国語 国語 体育 体育 体育	おむすびころりん おむすびころりん スイミー 三年とうげ 三年とうげ 一つの花 一つの花 閉脚腕立てとび上がりおり 開脚腕立てとびこし 台上前回り	元三重大学 教授　宮坂義彦先生 元長野県伊那市立小学校 校長　戸田淳子先生
7 7	2－1　岡野厚実 6－1　久末　誠 6－2　樋口純子 1年全	国語 国語 国語 体育	スイミー（提案授業） ひょっとこ ひょつとこ 開脚腕立てとびあがりおり	元三重大学 教授　宮坂義彦先生 元長野県伊那市立小学校 校長　戸田淳子先生
7 21	学級経営 表現活動・体育			本校校長　隅内利之
7 22	課題追求型授業の 基礎理論			本校校長　隅内利之
8 26	授業理論の研究及び 公開研究会で行う 国語の教材解釈			元三重大学 教授　宮坂義彦先生 元長野県伊那市立小学校 校長　戸田淳子先生
8 27	表現活動（オペレッタ）の理論と解釈 及び実技研修			元群馬県境小学校 教諭　大槻志津江先生 元三重大学 教授　宮坂義彦先生 元長野県伊那市立小学校 校長　戸田淳子先生

第二回　全国公開教育研究会のあゆみ

（印刷の関係で最後に掲載させていただきました。）

月日	学年組授業者等	教科等	単元名等	講師
4 22	1－1　髙瀬由子	国語	はる	元三重大学 教授　宮坂義彦先生 元長野県伊那市立小学校 校長　戸田淳子先生
	1－2　須藤愛美		はる	
	2－1　岡野厚美		ふきのとう	
	2－2　高野理佳		ふきのとう	
	3－1　阪上智美		きつつきの商売	
	3－2　森田千草		きつつきの商売	
	4－1　中田会美		三つのお願い	
	4－2　門脇敏治		三つのお願い	
	5－1　駒形真央		新しい友達	
	5－2　佐藤栄太郎		新しい友達（提案授業）	
	6－1　久末　誠		カレーライス	
	6－2　樋口純子		カレーライス	
5 12	1－1　髙瀬由子	国語	おさるがおふねをかきました	元三重大学 教授　宮坂義彦先生 元長野県伊那市立小学校 校長　戸田淳子先生
	1－2　須藤愛美		おさるがおふねをかきました	
	2－1　岡野厚実		おさるがおふねをかきました	
	2－2　高野理佳		おさるがおふねをかきました	
	3－1　阪上智美		つり橋わたれ	
	4－2　門脇敏治		つり橋わたれ	
	5－1　駒形真央		つり橋わたれ（提案授業）	
	5－2　佐藤栄太郎		つり橋わたれ	
5 13	5･6年全	音楽	合唱「さくら他」	元三重大学 教授　宮坂義彦先生 元長野県伊那市立小学校 校長　戸田淳子先生
	5年全	総合	基本のステップ	
	3－2　森田千草	国語	つり橋わたれ	
	4－1　中田会美	国語	つり橋わたれ	
	6－1　久末　誠	国語	つり橋わたれ（提案授業）	
6 23	2年全	音･国	オペレッタ「かさじぞう」	元三重大学 教授　宮坂義彦先生 元長野県伊那市立小学校 校長　戸田淳子先生
	4年全	総合	オペレッタ「手ぶくろを買いに」	
	5年全	総合	オペレッタ「あほろくの川だいこ」	
	5年全	体育	台上頭支持前転	

〈著者紹介〉
隅内利之（すみうち　としゆき）
1952 年　栃木県生まれ
1976 年　日本大学文理学部教育学科卒業
1978 年　東京都西多摩郡瑞穂町立瑞穂第三小学校教諭
1984 年　東京都秋川市立多西小学校教諭
1995 年　東京都あきる野市立五日市小学校教頭
1999 年　東京都あきる野市立西秋留小学校教頭
2002 年　東京都青梅市立若草小学校校長
2007 年　東京都青梅市立友田小学校校長
2013 年　定年退職
2013 年　青梅市教育委員会勤務（学校教育支援室教育アドバイザー）
2018 年～　隅内教育研究所所長
現在　隅内教育研究所所長、西多摩授業の会顧問、多摩地区特別活動連絡協議会顧問、日本学校教育学会会員、日本教育方法学会会員、青梅市国際理解講座事務局、NPO 法人多摩の青少年を育てる会事務局長、美しい玉川フォーラムアドバイザー

著書
『子どもの無限の可能性を引き出し高める授業の創造』（一莖書房、2014）
『わたしの学校づくりの記』（一莖書房、2020）

わたしの学校づくりの記Ⅱ

2024年7月25日　初版第１刷発行

著　者　隅　内　利　之
発行者　斎　藤　草　子
発行所　一　莖　書　房
〒 173-0001　東京都板橋区本町 37-1
電話 03-3962-1354
FAX 03-3962-4310
印刷・製本／日本ハイコム
ISBN978-4-87074-265-9　C3037